현대신서
38

분류하기의 유혹

생각하기와 조직하기

조르주 비뇨

임기대 옮김

東文選

분류하기의 유혹

생각하기와 조직하기

Georges Vignaux

Le Démon du Classement

Penser et Organiser

© Éditions du Seuil, 1999

This edition was published by arrangement
with Éditions du Seuil, Paris
through Bestun Korea Literary Agency, Seoul

차례

■ 들어가는 말 — 9
생각하는 것, 분류하는 것, 판단하는 것 — 9

1 세계는 존재하는가? — 19
혼란스러운 실체 — 19
우리가 말하는 것을 어떻게 아는가? — 25
사물과 대상 — 29
의미는 어떻게 사물에서 오게 되는가? — 31
표 상 — 32
지능은 세계를 구성한다 — 33

2 실체를 옮겨 놓는다는 것 — 39
객관성의 구성 — 39
'자연'에 대한 생각의 간략한 역사 — 42

3 살아 있는 것들의 수많은 배열 — 53
상세한 검토를 위해 분류한다는 것 — 53
살아 있는 것에 대한 일반적 범주화 — 59
'형태'의 구성 — 62
살아 있는 것의 유전적 범주화 — 65
크고 작은 진화: 모순들 — 68

4 포함하는 것, 배제하는 것 — 73
범주화와 일상적인 현상 — 73
범주화의 놀이 — 75

범주화와 담화 ——————— 77
'타자'와 '민족명' ——————— 80
인류사회학에서 인종주의까지 ——————— 85

5 나의 태도 ——————————————————— 95

참고 문헌 ——————————————————— 105
역자 후기 ——————————————————— 108

서열

속옷과 겉옷·덧옷이 있는데, 그것들은 서열이란 개념을 생각지 않고서도 존재한다. 하지만 부장·차장·말단직원·부하직원이라는 서열이 있다고 해서, 실질적으로 상(上)부장이나 초(超)부장이란 것이 존재한다는 것은 아니다. 내가 찾아낸 유일한 단어가 있는데, 그것은 옛날 명칭인 '행정감독관'이다. 한번 더 의미를 두고 말하자면 군수 밑에 간부진이, 군수 위에는 지사가 있지만, 지사 위에는 상지사나 초지사라는 개념이 있지 않다. 하지만 고관들과 관계되어 있는 것을 나타내기 위하여 선택된 단어처럼 발음은 되겠지만, 어법에는 분명히 어긋나 보이는 약자 '특별 행정총감(IGAMES)'[1]을 일컫는 말이 있다.

가끔은 말단직원조차도 피리 부는 사람[2]이 이름을 바꾼 후에도 계속해서 그의 호칭을 고집한다. 도서관 사서진에는, 분명하게 사서란 더 이상은 존재하지 않는다. 우리는 그들을 도서관리인이라고 부르거나, 등급이나 장(두번째 등급, 첫번째 등급, 예외적인 등급의 도서관리인, 도서관리장)으로 분류한다. 반면에 하류층에서는 계속해서 부사서관으로 사용을 고집하고 있다.

나는 어떻게 분류하는가

분류와 더불어 내가 갖고 있는 문제는, 그 분류가 지속되지 않는다는 것이다. 내가 정돈하는 것을 끝내는 즉시, 그것은 이미 낡아빠진 것이 되어 버린다.

모든 사람과 같이 나는 가정을 할 수 있고, 때로는 정리하는 것에 열중한다. 진심으로 만족할 만한 기준으로 정리할 수 있는 것들이 풍부하다거나, 그것들을 배치하는 것이 거의 불가능하다는 것은 내가 그것을 제거하지 못하게 된다거나, 기껏해야 초기의 혼란보다는 더 효력 있어 보이는 임의적이고 막연한 정돈을 멈추게 하는 정도이다.

이 모든 결과는 참으로 이상한 범주에 다다르게 하는데, 예를 들자면 수많은 여러 종이 파일과 그곳에 '분류하는 것'이라고 썼거나, 혹은 '긴급한 일 1'이라고 붙여진 서랍과 아무것도 포함되지 않은 것이 있다. ('긴급한 일 2'라는 서랍에는 몇 장의 오래 된 사진이 있고, '긴급한 일 3'이라는 서랍에는 새 노트가 있다.)

간단하게 말해서, 나는 요령 있게 행동한다.

조르주 페레크, 《생각하는 것 / 분류하는 것》

---

1) IGAME는 Inspecteur Général de l'Administration en Mission Extraordinaire(광역 지구에 포함되는 여러 지역의 행정을 총괄 감독하는 직위)의 약자이다.

2) 프랑스어에서 sous라는 단어는 '하위'·'종속'이라는 의미가 있는데, 그것이 명사 앞에 붙어서 일반적으로 밑에 있는 사람이나 기관을 지칭하는 말로 쓰인다. 여기에서 말단직원은 프랑스어에서는 sous-fifre란 말로 사용되는데, 우리가 일반적으로 도식화하는 의미에서 그 단어의 상급자가 될 수 있는 fifre(왜냐하면 sous가 생략되기 때문에)는 전혀 다른 의미(피리 부는 사람)를 갖게 된다. 저자는 위 문장을 약간은 해학적으로 표현하고 있는데, 그것은 일반적으로 밑에 있는 사람 sous-fifre는 그 상급자가 되는 fifre(피리 부는 사람)가 이름을 바꿀지라도, 사회적 규약상 그 이름을 그대로 고수한다는 것을 은유적으로 표현하고 있다.

들어가는 말

생각하는 것, 분류하는 것, 판단하는 것

내가 세계를 생각하게 될 때부터, 나는 그것을 조직하고, 내 감각 안에서는 그 세계를 구성하고 있는 사물이나 현상을 분류하지 않고서 이 세상을 생각할 수 없다. 그것은 우리 삶이나·사회의 모순 명제이기도 하다. 모든 것은 생각하기 위해 분류되고, 비교하고, 범주화하기 위해 조직된다. 아주 일찍이 우리는 식물이나 동물이 있다는 것을 알게 되고, 그것은 자연을 조직하고, 그와 같은 식으로 늘 자연을 생각해야 한다는 것을 알고 있다. 그 자연은 식물이나 동물, 그리고 우리들 인간으로 구성되어져 있다. 우리 인간은 풍요롭고 가난하며, 아름답고 추하며, 악독하고 친절하며, 젊고 늙고, 건강하고 아픈 것 등으로 서로 나누어져 있다.

'빈곤함의 아름다운 미래'(《에스프리》, 1997년 5월)라는 한 문구가 잡지 표지에서 보이는데, 그것이 내게 강한 인상을 남긴다. 그런데 표현 방식이 충격적이다. 왜 그런가? 우선적으로, 빈곤함이나 미래는 함께 어울리는 말이 아니기 때문이다. 우리 자신은 초라해지는 것을 택하지 않는다. 우리는 그런 상태로 있고, 그렇게 되겠지만, 일반적으로 그 단어에 부여하고 있는 성공의 의미에서 미래는 아니다. 우리는 "그는 아름다운 미래를 가지고 있다"라고 말하지만, "빈곤함이 아름다운 미래이다"라고 말하지는 않는다. 반면에 빈곤함이 사회에 확산되고 있는 하나의 현상이라고 생각한다면, 그것은 "아름다운 미래를 갖고 있다고 말할 수 있을 것이다"라고 할 수 있을 것이며, 선동적 문구는 고통스럽거나 흥미를 끌지 못한다. 그 두 경우에 있어서 빈곤함은 똑같은 것을 의미한다. 사회적 단절——사람들은 파괴에 대해 말했다——은 뚜렷해진다. 갈수록 빈곤함이 더하겠지만, 점점 풍요로움이 덜하게 되는지, 혹은 풍요로움이 갈수록 풍부해지는지는 알 수 없는 일이다.

우리가 아는 것은 풍요로움과 빈곤함으로 범주화하는 것으로서 뿐만이 아니라 새로운 용어에 따르자면, 도시에서는 사용중인 것이나 배제된 것, 통합된 것, 유능한 것, 사회적 부적격성, 무식한 사람, 마약 중독자, 자살할 우려가 있는 사람, 고립된 사람, 시골에서는 잊혀진 것, 쟁취하고 이기는 것, 활력이 있거나, 공무원이나 임시직원 등과 같이 범주화된 것으로써 사회를 생각하는 데 익숙해야 한다는 것이다. 우리는 더 이상 낮고 높은 수입을 통해서나, 정해진 거주지나 정해진 거주지 없이, 일과 봉급을 통해서 혹은 일이나 봉급 등이 없이 사회를 구성하는 것들을 바로 범주화하지 않고서는 더 이상 사회를 생각할 수조차 없다.

사회란 것은 하나의 총체나 전부로 더 이상은 생각되지 않는다. 사회를 생각하기 위해서는 우리가 마치 이해하거나 갈피를 잡고자 하기 위해서 끊임없이 분류를 추구하는 것과 같이, 오늘날에는 그 사회를 분류하고 세분화하며, 계층화하고 분석해야만 한다. 우리가 현상에 익숙해져 있음을 의미하는 '소외된 사람'이, 1982-1983년에 불렀던 '새로운 빈민'에 자리를 내주게 되었다. 좋은 문구였던 '신중을 요하는 지역의 사회적 발전'은 양단간 더 경제적이고 의미 있는 '도시 정책'에 의해 대체되었다. 행정부로서는 거주지나 일·투표권 등을 갖고 있지 않은 모든 사람들을 위해 SDF(sans domicile fixe)나, 혹은 '고정된 거주지가 없는'이란 용어를 창안해 냈다. 모든 것은 사회란 것이 점점 더 눈에 띄고, 인접해 있으며, 망각되고, 관심을 끌지 못하고 있는 대립을 마치 받아들이기라도 하듯이 일어나고 있다. 다양한 이원성의 사회에서는 모든 것이 상대적이고, 그러므로 허용된다. 빈곤함이란 인도나 페루의 리마에 있는 빈민굴이나 북아메리카의 도시에서와, 도버 해협이나 코트다쥐르 해안에 사는 것에 따라 구분되어지는 의미에서, 프랑스에서는 또 다른 의미를 갖게 된다.

고정된 봉급, 안정된 직장을 가지고 있다는 것은 예전에는 개인의 신분을 정의해 주었으며, 봉급자들은 사회를 나름대로 정의내릴 수 있었다. 직장이 부족하다는 것은 이제 사회 문제의 중요한 부분을 차지하고, 일을 찾는 것은 중요한 강박 관념이 되었다. 이와 같은 불안정성은, 때로는 수입간의 상당한 불균등과 마찬가지로, 받아들여지고 있다. 이것은 심지어 경제적 협력과 발전의 국제적 기구를 더 이상은 걱정시키지 않게까지 했다. 그 기구는 프랑스에선 최소 봉급의 폐지와 실업 비용 기간을 단축할 것을 권장한다. (《르몽드》, 1997년 5월 23일) 봉급과 생활 양식간의 격차가 증가하는 것은 경제학자들이 권장하는 노동의 필요한 '신축성'을 더 고려하지 않은 것이다. 결국 미국은 낮은 수준의 교육을 받은 그들 국민들에 대해서는 아주 중요한 실업률을 있는 그대로 받아들이게 되고, 문맹에 가까운 인구가 미국에서는 유럽의 두 배 이상이나 된다. 하지만 그것에 대해 있는 그대로 받아들이기보다는, 대다수 유대 주민들에게 일이 없다는 것은 그들이 사회에서 겪게 되는 소외가 아니라 유대 주민 스스로가 품고 있는, 일하는 것에 대한 무능력과 그들 스스로에 책임이 있다는 것을 생각하게 된다. 일종의 '기질'을 통해서와 같이, 그들의 기질은 서로 다르다고 생각하는 종족에 대한 의식과, 다른 종족과 동화되기에 부적격한 면을 지니고 있다. 그리하여 아주 일찍부터 사회적인 악조건이 축적되지만, 눈에 띄게 사법권의 구성을 숙지하고, "범죄 행위에 대한 대가가 어떻게 정해졌는가를 정확히 알면서도 범죄 행위를 저지르기 때문에" 폭력이 일상화되고, 폭력범은 갈수록 어려지는 교외의 어떤 '구역'에 대해, 프랑스에서는 이미 인정하고 있듯이, 한 영역에다 가두어 놓으려는 '보호 구역'을 만들어 놓았다.(《르몽드》, 1997년 5월 24일)

암암리에, 몰래, 때로는 선명하게, 우리는 단지 나라에서 나라로는 아니지만 같은 나라의 내부에서, 그리고 도시에서, 구역에서 구역으로, 길에서 길로, 혹은 같은 건물 안에서, 층에서 층으로 '세상 사람들과의 전쟁' 속에 들어가게 되었다. 어떤 이들은 그곳에서 '문화' 간의 타협, 게다가 '야만성'과 '문화' 간의 마찰이 나타나는 것을 보고, 마피아와 반대파들이 번창하는 것뿐만 아니라(헌팅턴, 1996) 상대를 내쫓기 위해 대립하면서 영역간의 경계 강화에 힘쓰는 상황을 보게 된다. 그리하여 "프랑스에서 현재 경향은 '같은 동료'끼리 다시 만나게 되는 재결합의 형태를 띠고 있다는 것은 두말할 나위가 없어 보인다. 그런 현상은 다니엘 코엔이 '선별적 짝짓기'라고 불렀던 현상과 일치하며, 도시 성역화의 원인이 되는 현상과도 일치한다."(몽갱, 1997; 포강, 1996) '자기 집'이란 것은 '가정' 이상의 것을 의미하지 않는다. 그것은 '너의 집'이 아니고 너로부터 나, 나로부터 너, 서로서로간에 뛰어넘을 수 없는 거리가 우리에게 놓여져 있다는 것을 말한다. 사람들은 개개인들이 그들간에 동등한 것으로 범주화하는 내부 영역에서 결집하게 되고, 그 영역은 그 개인들을 방해할 수 있는 사람들과 거리를 두도록 하며, 어떤 도시들은 이미 그들의 대중 공간을 쫓아내는 거지들을 필두로 진행되고 있다.

분리는 종(種)들 사이에서와 마찬가지로 사람들간의 계급을 허용한다. 분명하고 섬세한 기준을 통해서 분리는 차별을 더욱더 정당화시켜 주고 있다. 무엇보다도 달마다, 해마다 재정적으로 더 잘 벌게 되는 것이 있다. 누구의 후손이고, 조상의 신분이 가난했는지 혹은 중산층이었는지가 있다. 확실히 어떤 사람은 먹고, 다른 사람은 먹지 못하는 경우가 있다. 이국적 여행의 머나먼 여정과 같이, 많은 사람은 접근할 수 없기 때문에 당신을 구분지어 주는 여가도 있다. 마지막으로 학교는 소위 말하는 '최고'이고 학생들은 그곳에서 '섞이지' 않기 때문에, 우리가 아이들을 안내한다는 학교가 있다. 어떤 주간지가 우리에게 최고의 고등학교를 분류한 것을 정기적으로 제공해 줄 때, 우리는 프랑스에서 학교 지도가 어떤 점에서 미래 엘리트들을 형성하는 데 내기를 걸고 있는지를 알게 되고, 심지어 이런 식의 지도는 최고의 '공화국적인' 느낌을 가지고, 한 사회가 명백한 것으로 수용하고 있는 분리의 카드라는 것을 알게 해준다.

하지만 그것은 아직도 생물학적이고, 나이에 따른 분류이기 때문에, 여전히 가혹한 분류와 범주화의 기준이라 할 수 있다. 우리는 더 이상 연령 구분과는 다르게 사회를 생각할 수가 없으며, 어릴 때부터 우리는 '크고' '작고' '늙고' '조금은 늙지 않은' 사람을 구분하는 데 익숙해져 있다. 경제학자들은 매주마다 '나이의 가치'를 상기시킨다. 1993년 프랑스에서는 65세 된 사람과 그 이상의 사람들이 전체 인구의 19.6퍼센트로 나타났으며, 전체 건강 지출액의 41.4퍼센트를 독차지했다.(《르몽드》, 1997년 5월 29일) 새롭고 섬세한 구분이 떠오르는데, 그것은 우리의 보건 제도를 털어먹는 노인들에 반대되는 것이다. 요컨대 확인된 부조화에는 원인이 있고, 부조화가 있다면 위협이 있고, 위협이 있다면 책임자와 잘못을 저지른 사람이 있다.

우리는 다르게 생각할 수 있는가? 분류하지 않고, 대조하지 않고 생각할 수 있겠는가? 게다가 조직한다는 것은 무엇이고, 아니면 분류하기 위해 구별한다는 것은 무엇인가? 이와 같은 차이와 구분을 하는 활동은 우리의 일부에 불과하다. 처음부터, 적어도 아주 조숙하게, 그런 놀이는 우리의 자연스러운 체계가 기능할 수 있도록 우리 안에 존재하고 있다. 우리는 오늘날(《CNRS Info》, 1996년 5월) 생명이 태어나는 첫째 주부터, 아기들이 다른 언어에 속해 있는 소리를 구분할 줄 알고, 거기에 반응한다는 사실을 알고 있다. 이와 같은 능력은 다른 환경의 '소리'와 비교해서 조직된 소리 '체계'로서, 모국어 습득을 조금은 늦게 촉진하게 할 것이다.

우리가 매번 현상간에 조직되어 있는 '체계'를 말할 수 있다면 (유행 체계와 같이 언어의 체계, 그리고 스포츠 체계와 같이 정치 체계 등), 그것은 항상 우리가 현상들을 인식하거나 존재하기 위해 그런 현상을 이용하는 형태간의 유사성이나 차이점을 구별할 줄 알았기 때문이다. 유사성이란 다시 결집하게 하고, 차이점이란 대립시키도록 한다. 이와 같은 유사하고(친족이나 종·순간과 같이), 다른(시간과 형태에서 대립되는 친족이나 종·시대와 같이) 이중 활동으로부터 설명해 줄 수 있는 요소가 생겨난다. 한 가지 예가 있다. 우리는 처녀가 겪고, 겪게 될 생리학적 변화와 피해야 할 병, 우리가 전혀 권장할 만하지 못한 방식에 따라서 세 연령으로 구분한다면, 그 처녀에게 내재해 있는 성적 욕망의 급격한 변화를 그녀에게 더 잘 설명해 줄 수 있다.

1) 12세. (라틴어로는 털로 뒤덮인다는) 사춘기의 시작과 말썽부릴 나이의 시작! ……사랑에 젖은 감정은 때때로 한 여자 친구를 위해 펼쳐진다. 2) 15세. 생리 현상이 나타났다고 할지라도, 수정시킬 능력은 약간 더 늦게(15-16세) 나타난다. 성욕. 강박 관념이다! 어떻게 그것이 일어나게 되는가를 알고, 그것을 해보고, 육체에서는 더 이상 사악한 것으로 보지 않는다. 3) 20-25세. 키는 절정으로 자라게 된다. 성욕. 25세에 아이의 욕망은 그런 성적 욕구를 나타나게 한다.(《톱 모델》, 1997년 5월, 15호)

이렇게 인생은 흘러가고, 우리는 적어도 분류하도록 지표를 제공해 주는 기호를 이용하여 생각할 수 있고, 대립하는 놀이들은 너무 고전적인 모습과 받아들여진 범주를 뒤죽박죽으로 할 수 있도록 깜짝 놀라게 하는 데 이용될 것이다. "1996년 여름, 그녀가 영양사 시험에 합격했을 때(물론 철학이나 과학·경제학 같은 시험은 없다), 그녀는 바캉스를 보내기 위해 파리에 가려고 하였다. 거기에서 모델 수업을 받는 시설과의 만남이 있었고, 그 이후로 그녀에게 돌

풍이 몰아친다. 다이아나라는 이 여자는 지난 10월 쇼 무대에서 워킹을 했고, 그곳에서 끊임없이 제의가 들어오고 있다. 그녀가 그것에서 어떤 긍지를 인식하겠는가? 아무것도 인식하지 못할 것이다……. 그녀를 찬양하며 멍하니 바라보는, 그리고 집안일을 하는 그녀의 엄마만이 그녀를 유일하게 쳐다보는 여자이다. 크고 작은 텔레비전 화면의 스타는 그녀를 차갑게 놓아둔다……. 그녀는 20세의 나이에도 불구하고 놀라운 성숙미를 지녔으며, 직업 의식을 갖고 있는 어린 소녀이다. 특히 그녀는 순수하고, 진지하고, 부드럽고, 충동적이고, 진주 사이에서 다듬어져 있는 진주와 같은 여자이다."
(《20세》, 1997년 5월, 128호)

해마다 환상을 갖게 하는 잡지에서 떠오르고 있는 패션 모델과 관련된다는 것을 분간하게 될 것이고, 대조하는 일이 여기에서는 다음과 같은 개념에 대립된다는 것을 보게 될 것인데, 그 개념에 의하면 패션과 사진은 (독자들이 꿈을 꾸는) 유명함이 당신을 정신 없게 하는 것이라는 것이다. 다른 개념은 다이아나가 단순하고(독자들과 같이) 순수하고, 20세의 나이에도 불구하고 어린 소녀로 있다는 점에서, 그녀만의 예외적인 개념이 있게 된다. 우리는 어떤 환경에 연결된 행동 범주(모델들)를 정의하면서 받아들여진 개념이 어떻게 해서 다른 범주(가족적 가치들)를 지칭하면서, 패션의 환경을 만들어 냈던 고전적 개념에 대해 항변하면서, 다른 특성(순수성·단순성)에 부여된 반대의 예를 통해 뒤엎어질 수 있는가를 보게 된다.

마찬가지로 윤기가 나는 얼굴이나, 가끔은 젊고 주름이 없는 얼굴 등과 같이 우리가 여성의 미를 갖고 있다는 '관념'이 그런 요소에서 만들어질 수 있는가? 천만의 말씀이다. 여기에 그런 경우를

읽을 수 있는 것이 있다. "명확한 윤곽을 가진 여성보다 더 아름다운 것은 없다. 명확한 윤곽이란 것은 사람에게는 더 섹시한 것이 있다는 것을 말한다." 안 될 게 뭐가 있는가? "윤기가 나는 얼굴은 피곤한 얼굴보다는 조금은 덜한 연정을 내보인다."(《20세》, 1997년 5월, 128호)

우리가 사회에서 '관념'이라고 부르는 것은, 이미 알고 있듯이 때때로는 '방식의 거대 시장'이라는 인상을 준다. 우리는 '실체의 대상'이 무엇인가와 어떻게 사고를 조직하는지를 더 이상은 알지 못하며, 단어들은 생각해 보기 위해 망설이고 있다. 우리는 이해하지 못하므로, 보여 주고자 했던 '삶의 조그마한 이야기'나 생활 태도와 같이 서로 연관되어 있는 증거들을 텔레비전에서 찾게 될 것이다. "톱 모델은 생각하는 데 있어서 대가들의 것을 계승했다고 정신분석학자 토니 아나트렐라(1993)는 말했다. 우리가 더 이상 생각한다는 것을 알지 못할 때, 우리 각자는 본색을 드러내 보인다. '내 머리를 떠나지 않는 것을' 생각하고, 그것이 체험하고 장려하는 것의 의미를 더 이상은 파악하질 못하는 사회를 골치 아프게 한다고 생각한다." 이 정신분석학자는 "확신은 희미해지고, 욕망은 잠정적이다. 그로부터 점성가들이나 천문학자, 종파, 외계인, 소유, 다양한 삶이 성공하는 것을 보게 된다"라고 덧붙이고 있다.(《르몽드》, 1995년 4월 2/3일)

만약에 세상에 대한 설명이 더욱 멀고, 혼란스럽고, 추상적이기 때문에 선명하지 못하다면, 그것은 사람들이 일종의 감추어지고 고풍적인 세상의 기억과 같이 마술적이고 신화적인 것에 호소하고 있다는 단순함 때문이다.

"과학과 신화를 혼동하길 바라지 않고, 심지어 그것들을 대조하길 바라지도 않으며, 나는 점점 더 중요한 차이가 물리학이나 생물학이 전파하고 있는 지식과 상상력의 편협한 힘간에 갈수록 깊어지고 있다는 것을 말하려고 했었다. 그 결과로 이 분야들이 하고 있는 것을 우리에게 설명하도록 하기 위해서, 학자들은 세속적 용도로부터 오래 된 사고의 양식을 되살리고 있는 교훈적 우화나 이야기를 이용해야만 한다.

이같이 예기치 못한 사고를 다시 사용한다는 것은 과학적 발견과 길가의 인간 사이에 조정을 제공해 주는 것이며, 내부에서 그런 발견을 이해할 수 있는 것이 아니다. 심지어 신화 형태와 똑같은 특성을 그들 인간 눈에 내보이는 상상적이고 역설적이며, 낯설고, 당황하게 하는 세상의 형태하에서만이 그와 같은 발견을 식별하게 만든다."(C. 레비 스트로스, 〈대담〉, 《르몽드》, 1991년 10월 8일)

신화나 마술은 별로 중요하지 않다. 왜냐하면 우리가 세계의 기원과 현상을 스스로 만들어 간다고 하는 이런 식의 설명은, 어떤 실체가 '사물' 속에 있으며, 어떤 단어가 '사물'에 합당한지를 알기 위해 상식이 계속해서 차용해 오는 (빈약한) 방법에 불과하기 때문이며, "우리는 어떤 결정적인 것을 표현할 수 있는 단어를 결코 발견하지 못하기" 때문이다.(한스 가다머, 1960) 그런 것을 알아 가면서 우리는 적어도 끊임없이 사물을 명명하기 위해 그것을 분류하고, 사물을 범주화하기 위해 그것을 명명하도록 한다. 그것은 오래 된 세계의 역사이고, 우리에게는 귀찮을 수도 있는 것이다.

1

세계는 존재하는가?

혼란스러운 실체

실체는 계속해서 우리를 혼란스럽게 한다. 사물은 존재하는가? 우리가 명명하고 있는 모든 것은 사물에 일치하고 있는가? 단어는 매번 사물 대신으로만 있는 것인가? 그렇다면 사물은 어디에 있단 말인가? 언어는 진실인가, 혹은 속임수인가? 어떻게 해서 사물의 정확한 **속성**을 인식할 수 있는가? 어디로부터 사물에 대한 생각은 우리에게 다가오고 있는가?

우리가 '전화'·'자동차' 혹은 '세탁기'를 말할 때, 우리는 그런 것들이 의미를 갖고 있으며, 이들 단어들은 제각기 지칭하고 있는 '대상에 들어맞는다'는 것을 확인하였다. 하지만 자동차나 세탁기와 마찬가지로, 전화는 수많은 '대상' 다시 말해서 다른 사람과의 접촉, 이웃과 의사 소통하고, 자유롭게 왕래하며, 이웃을 놀라게 하는 자유, 그리고 가족끼리 더러운 내의를 세탁하는 자유와 같은 행위와 상황을 포함하고 있다. 그런 것은 고유의 의미나 은유적 의미로 알려진 것이다. 우리는 단어란 것이 사람들이 그 단어를 통해 말하고 있는 그 이상을 말하고 있다는 것을 잘 알고 있다. 하지만 우리는 〈짐을 꾸리는 사람〉과 같이 어디로 우리를 이끌고 가는지를 알지 못하기 때문에, 그런 것을 가끔은 무시하게끔 모든 것을 하고 있다.

나는 나의 학생들에게 종종 레이몽 데보스의 촌극을 이야기해 준다. 데보스는 희극작가로 잘 알려져 있으며, 나는 그가 위대한 언어학자라고 생각하고 있는 터이다. 이야기의 제목은 〈짐을 꾸리는 사람〉이다. 기차를 타고 있는 인물과 관련된 것인데, 짐을 놓는 칸막이에다 그의 가방을 놓는 순간에, 이미 그 칸막이에는 누군가가 있다는 것을 발견한다.

    ——당신은 누구세요?
    ——나는 가방입니다.
    ——가방이라고요? 당신이 가방이라고 믿게끔 하는 것이 무엇인가요?
    ——당신은 보이지 않나요? ……나는 한쪽에 받침틀이 있잖아요…….
    ——이봐요……당신은 단단합니까?
    ——어휴…… 나는 가방치고는 단단합니다……. 난 행복과 불행이 있다고요!
    ——하지만 가방이기 이전에, 당신은 어떤 사람이었는데요?
    ——예, 나는 가방을 갖고 있지 않은 여행객이었어요.
    ——그런데요?
    ——그런데 내가 싫증이 나던 날, 난 짐을 꾸리게 된 겁니다.
    ——그게 언제죠?

―― 나의 어머니가 짐을 꾸렸던 날이었어요!

 그런 식으로 하나의 가방은 가방 이상의 것이다. 게다가 한 인간은 수많은 정신을 가지고 있는 누군가를 말한다는 의미에서 아마도 단순한 '가방'이겠지만, 마찬가지로 가방보다 훨씬 큰 무엇인가가 될 수도 있다. 그런 것이 내가 여기에서 설명하고자 하는 것이다. 실체란 혼란스러운 것이고, 단어란 전혀 대상을 고정시키지 못한다. 그것은 분명한 것이지만, 그런 분명함은 우리가 그것에 대해 생각하면서 틀리게 된다. 가장 단순한 단어는 복잡함을 숨기게 되고, 언젠가는 그런 복잡함을 밝히게 된다. "사물의 명백함, (신호의?) 애매함, (편재해 있는 질서의) 충실한 증인. 세계, 연도, 육체의 혼…… 용은 옥좌 위의 왕과 같이 세상을 지배한다. 바퀴 모양의 장치가 정부 위에 군림해 있는 왕과 같이 연도를 지배한다. 마음은 전쟁중에 있는 왕과 같이 육체를 지배한다."(H. 아틀랭에 의해 인용된 《세페르예치라》, 6장, 1979)

 그와 같이 《탈무드》 경전은 말한다. 게다가 단순한 소견으로는 적어도 한 마리의 용이 있다는 것은 사실이다. 그 용은 연도를 가로지르는 계절의 바퀴만큼이나 세계를 가로지르고 있는 끊임없이 되살아나는 전쟁의 용이다. 우리의 육체와 정신은 우리가 심장이라 부르는 것과 항상 싸우고 있으며, 훨씬 더 간단한 기관이라는 것이 한층 사실처럼 보이고 있다. 왜냐하면 우리가 감정·사랑·증오의 얼마 되지 않는 근원이 있을 때까지 위치시켰고, 파스칼 이래로 말해진 것과 같이 우리가 '(마음을) 가지거나, 갖고 있지 않다는 것'은 바로 그 마음 안에 있기 때문이다. "마음은 이성이 갖고 있지 못하는 나름대로의 분별력을 갖고 있다." 혼란스러움은 이미 느끼고(육체), 사랑하고(마음), 이해하는(정신) 것 중에서 선택해야 할 때, 우리 안에 존재하게 된다. 이와 같은 균형 상실과 불확실성은 확실함의 필요성이란 것을 허용해 줄 것을 완전히 거부하면서 우리로 하여금 일상 생활에서 체험하게 해준다. 그와 같은 필요성은 항상 똑같은 대답을 '거울'에게 요구하는 것으로 나타난다.

——거울아, 큰 거울아, 이 왕국에서 가장 아름다운 여인이 누군지 내게 말해 줄 수 있겠니?
거울은 그녀에게 대답했다.
——여왕님, 당신이 이 세상에서 가장 아름답습니다.
여왕은 만족해하고 있는데, 어느 날 거울이 대답했다.
——여왕님, 당신이 이 세상에서 가장 아름답습니다. 하지만 백설공주는 당신보다 수천 배나 더 아름답습니다.
(그림, 《백설공주와 일곱 난쟁이》)

아주 옛날에는, 동화 속의 심술궂은 여왕과 같이, 우리는 변함이 없으며, 거의 기계적인 '자연의 질서'가 있다는 것을 믿어 왔다. 하지만 오늘날과 같은 상황에서는 그런 것이 옳지 않다는 것을 잘 알고 있다. 현대 과학은 우리로 하여금 살아 있는 것의 형태와 조직이 움직이고 있으며, 복잡하다는 것을 가르쳐 주고 있다. 수학자나 물리학자·생물학자들은 점점 더 **무질서나 혼돈**의 개념에 관심을 갖고 있으며, **모호하고 불확실한 논리학**을 창안해 낸다. 현실과 삶을 이해하기 위해서는, 때로는 모순되지만 상호 공존하는 사고 과정을 차용해야만 한다. 왜냐하면 그런 것은 현상들의 단순한 설명을 발견한다고 생각하자마자 복잡하고 놀라운 속성이 되기 때문이다. 사물을 이해하기 위해서는 그것들과 서로 싸워야 하고, 사고 속의 사물을 이해하기 위해서는 말과 싸워야 하고, 그로부터 **지식에 대한 새로운 대상**을 만들게 된다.

우리가 말하고 생각하는 것 사이에 있는, 그리고 우리가 '대상'을 생각하고 단어가 '대상을 만드는' 것 사이에 있는, 이런 싸움으로부터 혼란스러움은 오게 마련이다. 나는 그런 것을 세상에 대해 진행되고 있는 우리 지식의 역사를 살펴보면서 보여 주고자 한다. 나는 특히 이와 같은 지식의 역사가 그리스 이래로 먼저 사물에 정체감을 부여하고, 그 사물을 분류하고, 결국에는 이와 같이 **범주로 된 사물의 분류**를 조직하기 위해서, 그 사물간에 있는 것들을 연결시켜 주고 있는 방법보다 더 좋은 방법을 보지 못했다. 그런 범주로 구분된 사물들 중 어떤 것들은 인류에게 있어선 일종의 거대한 기억과도 같이 경험을 통해, 다른 어떤 것은 문화·학교·전통 혹은 가정이나 사회 집단을 통해 우리에게 전달되었다. 그리하여 아주 **빠르게**도 우리는 식물, 지상의 동물들, 고기가 있다는 것을 배우게 되었고, 세상을 도려내는 것과 같은 이런 식의 범주를 받아들이게 된다. 하지만 이런 식의 도려냄은 과학적인 것만큼이나 철학적인 역사를 가지고 있다. 이것이 바로 여기에서 내가 설명하고자 하는 것이다. 결국 타인이나 무명인의 두려움일 뿐인 일상의 적개심에 이끌려 갈 때까지 가면서, 어떻게 해서 이와 같은 분류 욕구가 사물과 존재를 분류하는 강박 관념으로 기능하는가를 설명하고 보여 주고자 한다.

왜냐하면 근본적인 질문이 다음과 같이 남아 있기 때문이다. 세계의 '사물'은 무엇인가? 무엇으로 세계는 만들어졌는가? 게다가 무엇에 대해 우리는 말하는가? 무엇보다도 그런 것들은 **의미**에 대한 질문이다. 사물에서 보게 되는 의미가 있는가? 그렇다면 어떻게 있단 말인가? 그 다음은 **표상**의 문제이다. 어떻게 해서 실체를 정신 안에 나타나게 하며, 그것은 우리가 세계를 인식하는 방법에 영향력을 가지고 있는가? 마지막으로 **지능**의 문제, 다시 말해서 우리가 이런 문제를 오래 전부터 해결하려고 했는가에 대한 방법의 문제이다.

사물에 있을 법한——그리고 신비적 관점에서—— '수수께끼 같은 신비'를 넘어서, 인간과 학자들은 현실이란 자연이고, 세계를 이해하고자 한다면 그런 속성을 분류 정리해야만 한다고 점점 더 생각하게 된다. 분류 정리한다는 것은 이런 형태간에 있는 관계와 유사성을 이해하도록 하기 위해 이런 식의 자연 형태를 분류하는 것을 의미한다. 이와 같이 사물을 분류하려는 필연성은 새로운 것인가? 우리가 사용하고 있는 가장 오래 된 문헌, 아리스토텔레스의 문헌을 통해 그것을 판단한다면 확실히 '아니다'라고 말할 수 있다. **범주화**는 우리가 기억하고자 할 때부터 인류의 중심선상에 있어 왔다. 왜냐하면 우리가 간직하는 것을 알고자 한다면, 잘 분류하고 구분해야만 하기 때문이다. 범주화는 그러므로 사고와 언어의 한가운데에 있게 된다.

범주화한다는 것은 이해하는 데도 필요하지만, 특히 행동하는 데도 필요하다. 행동한다는 것은 세계를 알고 있는 것, 그러므로 영역이나 세계·상황을 정의하는 것을 **알도록** 강요하고 있다. 우리는 우리가 만나는 이런 영역과 세계의 모든 것을 알고 있는가? 결코 그렇지 않다. 하지만 매번 무엇과 관계되는지, 그리고 우리가 어디에 있는지를 알아보기 위해서, **예증**의 의미에서 **표본**, 한 영역이나 사물과 상황 **범주**의 최고 표본의 의미에서의 **형태**이면 충분하다. 단어는 이해하도록 도와 주는가? 우리는 그렇다고 생각하며, 어느 정도 세계를 정리해 주는 단어 이외의 다른 방법을 보지 못했다. 하지만 우리는 단어 때문에 실체와 전쟁중에 있다. "순서 관계는 가치를 산출하고, 전쟁을 유발하며, 그런 관계는 위대한 주물신이다. 그런 순서 관계는 주물신들의 대장이기도 하다. 그것은 내기에 건 돈을 지칭하고, 가격을 고정시키며, 우리에게는 동물계로 남아 있는 것이다. 그 관계는 우리 집단에서는 우리가 사냥할 때 연기로 쫓아내는 동물들의 흔적이기도 하다. 그것은 선행인류·늑대·개·양 무리·사냥개 무리·동물 무리이다……. 존재보다는 관계를, 이름보다는 존재를, 그리고 이동보다는 길을 생각해 보자."(세르, 《이탈》, 167쪽)

그럼에도 불구하고 우리는 계속해서 명명하고, 판단하고, 매번 알지도 못하며 비난하곤 한다.

우리가 말하는 것을 어떻게 아는가?

아주 어린 나이부터 우리는 손가락으로 사물을 지칭하면서 그것을 명명하는 것을 배우고, 그리고 나서는 마치 이름이 사물과는 '멀어진' 것과 같이 사물을 지칭하지 않고도 조금씩 그 사물에 이름

붙이는 것을 배우게 된다. 이런 것은 언어가 만들어졌다는 사실에서 잘 나타난다. 커가면서 우리는 손가락으로 가리키지 않고 단어를 통해 지시하는 것을 배우고, 언어는 다른 것과 의사 소통하는 데 있어서 최고의 수단이 된다는 것을 배우게 된다. 그것은 물리적 수단으로서가 아니라 상기할 수 있는 모든 것을 통해서 이루어진다. 그런 것은 추상적(노래나 철학을 하고, 단어놀이를 하는 것)인 만큼이나 구체적(어린아이에게 욕구가 생긴다거나 '냠냠'이라고 충분히 말할 때, 먹고 마시는 것)인 속성을 지닌다.

사물을 명명한다는 것은 그 사물이 존재한다는 것을 증명하는 충분한 이유가 되지 못하고, 우리가 그것을 보고 만지는 것에 대한 충분한 이유가 되지 못한다. 우리의 언어는 우리가 존재한다는 것을 아는 사물에 대해 말할 수 있지만, 우리 언어는 우리로 하여금 끊임없이 새로운 사물을 보게 해주고, 그것으로부터 새로운 것을 창안하게 해준다는 것을 알고 있다.

고대 이래로, 우리는 다음과 같은 질문을 제기한다. 우리가 말을 하기 전에 생각지 않는다면 우리가 말하는 것에 대한 무언가를 어떻게 안단 말인가? 우리는 각자 주제에 대해 말하는 경로를 통해서만이 사물을 알게 되었는가? 플라톤(기원전 428-348)은 처음으로 그것에 대한 해결책을 제시하고 있다. 그것은 다름 아닌 한쪽에는 감각의 세계가 있고, 다른 한쪽에는 **관념**의 세계가 있을 것이라는 바이다. 우리가 만약에 감각을 통해 지식에 접근하게 된다면, 감각은 인간 영혼이 구체화되기 이전에 명상하고 있을 **영원한 관념**의 기억을 우리 안에서 깨우게 할 것이기 때문이다.

반대로 아리스토텔레스(기원전 384-322)는 지식의 층위가 있다는 것을 가정하고 있다. 그에게 있어서, 직감은 사물의 형태와 담화가 취하게 되는 예지(豫知)를 우리에게 준다고 한다. 두 가지 종류의 '예지'가 있을 것이다. 우리는 때로는 사물이 있다는 것을 가정하고, 어떤 경우에는 **사용된 용어가 이해되어야 한다는** 것을 의미하고, 마지막으로 어떤 경우는 동시에 두 가지 경우를 전부 포함한다.(《An. Post》, I, 1, 71a, 12sq)

다음과 같은 경우가 있다. 우리는 **삼각형**이라 불리는 기하학적 도형이 어쨌든 현실에서 존재할 수 있다고 생각하지만, 기하학에서는 이런 삼각도형이 현실에 나타낼 수 있는 것과는 다른 관념에 일치한다는 것을 똑같이 생각할 수 있다. 마지막으로 '삼각형'이란 단어는 추상적(기하학이 계산을 하는 도형)인 것만큼이나 구체적(모래에 그려진 도형)인 것을 지칭하며, 두 관념 사이에는 차이가 없다는 것을 생각할 수 있다.

아리스토텔레스와 플라톤은 그러므로 근본적으로 대립된다. 플라톤에게 있어서, 영혼은 지식을 허용하는 것이다. 아리스토텔레스에게 영혼은 식물과 같이 '살아 있는 것들의 원리'일 따름이다. 그 영혼은 감각 능력이 있는 식물의 속성을 표출하고, 그것은 동물과 지성에 관계하며, 인간이 무엇인가를 설명한다. 영혼은 **살아 있는 육신의 형태**이다. 육신 없는 영혼은 없다. 인간의 지성은 감각을 통해 전달된 사물의 형태를 받아들일 수 있는 것이다. 누구도 전혀 느끼지 못하고, 생각지 못하며, 세상과의 접촉을 하지 않고는 생각지 못한다. 그렇다면 사물이 감각을 통해 우리 지식에 다가오고 있다는 식의 배열이 현실의 배열과 일치하는가를 어떻게 상상하겠는가? 매순간을 서둘러 가며, 우리 기억을 번식시키고 있는 이 모든 촉각·후각·시각은 얼마나 즐거우면서도 무시무시한 혼돈이란 말인가!

바로 그런 이유로 보편성을 이해하기 위해서, 아리스토텔레스는 우리가 **귀납**을 실행해야만 하고, 그러므로 결과에서 원인으로 거슬러 올라가야만 한다는 중요한 사실을 주장하게 된다. 우리는 일련의 원인을 알 때만이 참으로 아는 것이다. 현대 과학의 탄생을 알리는 중요한 사상이 바로 거기에 있다.

게다가 아리스토텔레스는 형태를 지니고 있는 물질은 다른 형태를 변화시키고, 받아들일 수 있는 특성을 가지고 있다고 말한다. 모든 변화는 무엇인가로부터 무엇인가를 향해서, 그리고 다음과 같은 세 가지 원리에 따라서 이루어진다. 처음 특성(예: 흰색), 마지막 특성(예: 녹색), 이와 같은 특성을 받는 재료(예: 녹색이 되는 하얀 사람). 형태를 가지고 있는 모든 재료는 특성을 가지고 있으나, 그런 재료가 변화되기 위해서는 다른 특성을 받아들일 수 있어야만 한다. 아리스토텔레스는 이와 같은 새로운 특성은 현재 **실행되기** 이전에 질료 속에 **잠재적으로** 존재한다고 말한다. 질료는 그러므로 힘이고, 형태는 실행이며, **변화는 항상 잠재적으로 있는 것을 실행하는 것이다.** 우주만큼이나 생존한 것에 대해 우리가 갖고 있는 과학적 개념의 관점에서 보자면, 어떤 것도 더 이상은 현대적인 개념이 되지 못한다. 담화에 대해서도 마찬가지이다. 담화 형태는 잠재적으로 어딘가에 있는 것의 '실행'인가, 아니면 실현인가?

사물과 대상

언어의 문제로 되돌아가 보자. 이름이 사물('명목론'이 생각했던 것)을 존재하게 하기에 충분하다고 생각하거나, 반대로 우리가 사물을 명명하기('실제론'이 생각하는 것) 때문에 항상 그것이 있다고 생각하는 것은 거짓만큼이나 참 같아 보인다. 틀림없이 사물은 어떤 식으로든 존재한다는데, 만약에 그렇지 않다면 우리는 어떻게 할 것인가? 한 번 더 확실히 하자면, 우리가 검증할 수 있는 것만이 참이다. 담화에서 현실, 현실에서 담화, 개개인은 말라르메의 시가 말하고 있는 것과 같이, 자신들이 갖고 있는 것을 주고 있다.

> 자신이 갖고 있는 얼마 안 되는 것을 개개인에게 주는구나!
> 아이란 웃음짓는 입맞춤이고,
> 연인이란 화관으로 된 라일락이며,
> 시인이란 자신들의 마음에 있는 메아리이구나!
>
> (말라르메, 1859)

적어도 우리가 생각하는 사물은 현실의 일부를 이루고 있지만, 그것은 언어에 의해 만들어지고, 경험을 통해 산출된다. 모든 '사물'은, 그림이 배경이나 종이 소재로부터 떠오르게 되는 것과 마찬가지로 재료를 명백히 드러내는 형태이다. 그리하여 우리에게 하나의 대상이 의미를 갖게 된다는 것은, 그 대상이 다음과 같이 우리에게 갖게 하는 삼중 관계의 특성 때문이다. 1) 그것은 행위에 일치한다. 2) 그것은 목적의 관점에서 행위를 변경시키면서, 매번 우리의 행위에 의미를 부여하는 모습을 띠고 있다. 3) 그것은 반드시 우리 경험의 다른 행위망과 다른 상징망에 포함되어 있다.

버섯이 세상의 대상이라고 말할 수 있는 경우가 있다. 세상에는 온갖 형태와 여러 종류의 것이 있지만, 버섯이 우리에게 가치가 있는 것이라면 그것은 음식물이거나 비음식물이라는 것 때문이고, 먹는 것은 모두에게는 적용할 수 없는 것이고, 게다가, 그리고 특히 버섯은 우리 경험이나 상징의 강력한 망에 삽입되어 있기 때문이다. 그것은 바로 요리법이나 식이요법의 망인 것이다!

우리가 지닌 모든 사고는 우리의 활동을 결정하고, 이것을 위해서 대상을 창안, 다시 말해서 **대상의 형태를 도식화하고**, 그러면서 드러나고 살아 있는 모든 것, 즉 반드시 다양하고 안정되지 않은 모든 것을 통하여 안정됨을 찾는다.

그리하여 우리는 항상 사물의 (사고 안에서) 표상을 구축하려고 열중했고, 이와 같은 표상은 **우리가 사물에 부여하고자 하는 의미의 형태이다.**

한 가지 예가 있다. 책은 똑같은 크기로 해서 한 언어에 속해 있는 문자로 인쇄되고, 경우에 따라서는 하나의 제목을 갖고 똑같은 표지로 제본된, 게다가 다소간은 많은 양의 종이로 구성된 단순한 대상에 불과하다. 하지만 얼마만큼의 표상으로부터 이런 대상이 옮겨지겠는가! 게다가 이런 표상들 각각은 대상을 하나의 관념에, 행위에, 유용성에, 힘에 비교하면서 의미의 도식과도 같이 기능할 것이다. 책이란 다음과 같을 수 있다. 기하학이나 철학을 공부하기 위한 나의 교재(유용한 도식), 내가 읽고 나서 던져 버릴 별로 좋지 않은 '탐정 소설'(일시적 소비 도식), 내용에는 별로 신경 쓰지 않고 옛것의 편집을 위해 내가 사게 될 멋진 저서(미학적 도식), 마지막으로는 미국 대통령이 손을 얹고서 선서를 하기 때문에 그 자체가 상당히 상징적 대상이 될 수 있는 책인 《성서》가 있다.

의미는 어떻게 사물에서 오게 되는가?

카시러(1874-1945)는 우리에게 의미 작용을 구축케 해주는 세 가지 경험 층위를 다음과 같이 구분하고 있다. 1)지각. 2)(우리가 사물의 모습을 만들어 낼 때) 형체로 나타내는 직관. 3) 가장 추상적 층위에서의 이론적 개념과 사고.

어떤(이른바 카시러가 말하는 객관화의) 상징적 형태는 바로 이와 같은 개별 층위에 일치한다. 그러므로 우리로 하여금 세계를 생각하게 하는 세 가지 형태의 상징 체계가 있다. 1)우리가 느끼고 행동할 때, 그러므로 우리가 사물을 습득하게 될 때의 활동 형태. 2) 이와 같은 습득으로부터, 우리가 세상에 대한 지각을 갖게 될 때의 표상 형태. 3)마지막으로 이와 같은 지각 덕택에 우리가 세계의 의미나 개념을 구축해 나갈 때, 그리고 그것들을 세계에 적용하게 될 때의 의미 작용 형태, 바로 그런 것들이 표상인 것이다.

표상

 표상이란 것은 그것이 관념·단어·담화, 그리고 언어에서 가장 발달되었다는 시에서까지 우리의 감각과 지각을 받아들이는 형태를 말한다. 예를 들어 새벽은 하루가 시작되는 것이고, 들장미류는 하나의 나무에 불과하며, 새들은 날개가 있는 것이다. 하지만 시인 말라르메가 그 표상에 대해 말할 때는 완전히 다른 개념을 부여하고 있다.

> 장밋빛 눈꺼풀과 같은 여명이 잠들 때
> 들장미나무 위로 방울이 퍼진다.
> 들장미나무가 막 깨어나는 여명에
> 새들의 노래와 자신의 향기를 준다.(《Poésies》, 130)

 새로운 표상은 이와 같이 몇몇 자연적 요소로부터 만들어졌다. 하지만 어떤 기호가 있으며, 의미가 있고, 무엇을 상기시켜 주고 있단 말인가! 분명 언어란 것은 의미 작용과 상징을 산출하기 위한 인간의 중요한 수단이다. "단어란 것은 단지 현실의 무언가가 아니라 **현실이다**."(카시러, 1924, 75쪽) 언어를 통하여 우리가 세상을 이루고 있는 표상은 '실체'를 대신하고 있는 우리 나름대로의 실체를 구축하지만, 그것 또한 '실체'이다. 그것은 완전히 지각과 지능간의 긴밀한 관계놀이이고, 후자(지능)는 전자(지각) 덕택에 세계를 조직하게 된다.

지능은 세계를 구성한다

 그러므로 세계에 대한 우리의 지식은 움직이는 것(행동·이동·탐험), 지적인 것(사고), 언어학적인 것(언어·기호)만큼이나 지각적(시각·촉각)인 아주 다양한 통로를 통하여 이루어진다. **지능의 이론은 세계와 우리간에 있는 관계 속에서의 통로와 일관성 있는 다양함을 설명해야만 한다.** 우리와 세계 사이에는 항상 행동과 반응이 있다. 달리 말하자면, 사물은 우리가 사물에 대해 반응하는 것과 같이 우리에게 반응하고, 이것이 우리의 지능을 형성하는 데 공헌한다. 중요한 것은 그러므로 생성, 다시 말해서 세계에 적용되고 있는 이런 지능의 구성을 연구하는 것이다. 이런 중요한 생각은 심리학자 장 피아제(1896-1980)가 말하는 작품의 근간을 이루고 있다.

 피아제에게 있어서 인지 과정, 즉 지식 과정은 환경과 사물에 대한 우리 모두의 행동을 제시해 주고, 동시에 이런 인지적 과정은 그 행위에 대한 산물이다. 사물이란 수많은 관계·원근·부근·연속·이동 등에 따라서 그들 사이에서 조직되어 있는 것이다. 게다가 그것들은 제각기 물리적 특성·색깔·형태·짜임새에 의해 구분된다. 피아제에 의해 창안된 발달심리학(혹은 발생심리학)이 부여하고 있는 목표는, 어떻게 인간이란 존재가 이와 같은 특성과 그들의 상호적 관계에 따라서 사물에 반응하고 있는지를 관찰하는 것이다. 우리는 매번 사물의 세계에서 '현실'의 표상을 구성하기 위해 어떤 특성이나 관계를 선별할 것인가?

 그러므로 우리는 경험 안에서 사물을 모으는 것에 대해 어린아이에게 제시해 줄 수 있고, 그 아이에게 물리적 특성(색깔이나 형태)을 묘사해 주든지, 그것을 생각할 것을 요구한다. 사물에 대해 생각한다는 것은 사물의 물리적 특성과는 별개인 논리-수학적 형태라는 것을 생각할 수 있게 된다. 그러나 전혀 그렇지 않다. 사물을 생각하기 위해서는 먼저 그것을 다르게 할 수 있어야만 하고, 서로 구분지어야 하며, 이런 것을 하기 위해서는 그 사물들의 특성을 이용해야만 한다. 그에 반하여 반죽해 만든 진흙 공은 구슬 주머니처럼 셀 수 없는 특성의 것이 아니다. 하지만 우리는 어쨌든 그 구슬 주머니에 대해 무게와 부피를 어림잡아 볼 수 있는데, 그것 또한 논리-수학적 형태와 같은 정신적 활동을 포함하고 있다.

이런 관계 속에서, 우리의 지적 통로를 제기해 본다는 것은 모든 인간에게 있어서는 사물의 관계로부터, 그리고 그 사물의 조작 내에서 세계에 대한 우리들의 지식을 조직하면서 내적 체계, 혹은 **인지 체계**가 있다는 가설을 하게 한다는 것을 의미한다. 지능의 발전은 그리하여 우리의 삶을 따라 지식을 축적해 가는 단순한 질문이 아니라, 세계와 사물에 대한 우리 고유의 표현을 점점 더 구축해 나가는 것을 통한 지적이며 상징적 과정의 참된 놀이 과정을 말한다. 피아제는 지적 조작의 생성에 있어서 크게 세 단계를 정의하고 있다. 세번째이자 마지막은 청소년기에 **논리적 조작**, 다시 말해서 분류·수집·총체에 대해 조작하는 것을 습득하는 것과 일치하는 것이다. 현재로서는 이 세 단계 중에서 처음 두 단계만을 생각해 두자.

감각 운동 기간은 태어나서 18-20개월이 될 때까지 지속된다. 그 기간 동안 아주 어린아이는 그와는 관계 없이 나름대로의 방법으로 존재하는 것으로서, 사물의 지식과 그가 신경 쓸 수 있는 즉각적인 지각의 지식을 습득하게 될 것이다. 그것은 **지속적인 대상**을 구성하는 것이다. '강아지'의 관념이 나타나는 모든 형태의 강아지를 초월하는 것과 같이, '사과'란 단어의 관념은 우리가 만난 모든 대상의 사과를 조금씩 초월하게 될 것이다. 이와 같이 계속되는 사물을 구성하는 데에서, 피아제는 다음과 같이 **현실 구성** 과정을 조직할 일련의 단계를 구분하고 있다.

먼저 아기는 그의 시선 영역에서 이동하고 있는 모든 대상을 눈으로 따라가는 것에 만족해한다. 대상이 그의 시선에서 사라질 때, 그 아기는 대상을 다시 찾지 않는다. 모든 것은 마치 그 대상이 존재하는 것을 멈췄을 때와도 같이 발생한다. 어린아이는 단지 조금씩만 사라진 대상을 다시 찾으려고 할 것이다. 조금 후에 그 아이는 연속해서 대상의 이동을 나타내고, 그 결과로 대상과 관계하여 **중심을 잃게** 될 수도 있는데, 그것은 다시 말하자면 그 대상과 자신의 '고유 육신'을 분리할 수 있다는 것이다. 그때부터 아이는 더 이상은 '세계의 중심에서' 지각하지는 않지만, 세계를 '그와 외부에 있는' 것으로 배우게 된다. 조금씩 아이가 대상의 위치와 이동을 통하여 대상과의 관계 형태와, 그 아이가 이런 대상에 대해 조작할 수 있는 행위를 구축하는 것인데, 그것이 바로 **자기 중심적 사고에서 벗어나는 것이다.**

아이의 지적 발달에 있어서 피아제가 구분하고 있는 두번째 단계는, 이전 것을 따르는 **구체적인 조작 시기**이고, 제1청소년 시기 (10-12세) 초에 달성된다. 구체적인 조작에 대해 말한다는 것은, 아이가 아직도 이 시기에는 성인기 초에 청소년들이 자신의 사고를 논리적인 기준에 의존할 수 있을 것이라는 나중 단계——형식적인 조작 단계――와는 달리, 아이가 자신의 추론을 대상의 물리적 특성에 토대를 두는 것이 필요하다는 것을 의미한다.

여기서는 한 번 더 여러 순간들을 구분할 수 있다. 첫번째 단계에서, 예를 들어 반죽해 만든 두 개의 공이라는 대상을 아이에게 보여 주고, 하나는 늘어뜨리고 다른 하나는 누르게 된다면, 아이는 "분량이 변했다"라고 말하는데, 분량이 변했다는 것은 두 개의 크기에서 제각기 관심 갖는 것을 고정시킴에 따라서 축소하고 증가하는 것을 말하는 것이다. 이런 층위에서는 실체에 대한 개념 보존이 전체적으로 결핍되어 있다. 조금 더 후에 아이는 어떤 경우에는 분량이 변하지 않는다는 것을 알게 되지만, 유사한 다른 경우에는 이상하게도 분량이 항상 변한다는 가설을 세우는 것을 받아들인다. 예를 들어 네 부분으로 잘라진 케이크는 원래 한 개의 케이크에서 나온 것으로 이해될 수 있는 반면에, 그것을 여덟 조각으로 쪼갠다면 항상 이해될 수 있는 것이 아니다. 어린아이는 혼란스러운 추론의 대가로, 요소들의 비보존을 때때로 정당화하려는 일종의 자가당착에 사로잡혀 있다. 그것은 단지 아이가 실체의 보존을 추론할 수 있을 **역행 가능성**(다시 말해서 우리가 뒤로 돌아가게 될 수 있는)으로서 변형이 이해되는 순간부터일 뿐이다. 그 아이는 그리하여 변화의 처음 상태를 마지막 상태에 연결하게 될 것이다. **실체는 우리가 일부분의 합을 내면서 전체로 되돌아갈 수 있기 때문에 보존되어진다.** 아이는 전혀 덧붙여지지 않거나, 빼내지 않은 변형은 불변의 물체를 남긴다는 것을 이해하고 있다. 이와 같이 실체 개념을 보존하려는 습득은 **물리적인 불변 요소**의 지적 구조를 통하여 단계별로 실행되고, 어떤 것은 몇몇 사물의 불변적인 특성을 버려둔 채

서로 다른 변형의 분류를 정의할 것이다. 그렇게 해서 점진적으로 **객관성**은 구성되어진다.

객관성이란 것은 주요 물리적 변형을 제외하고 안정된 것이 있다는 것을 우리가 조금씩 만들어 나가는 생각을 말한다. 예를 들어 하나의 의자는 우리가 그것을 부수지 않는 한에 있어서는 좌석과 등받이, 4개의 다리를 가진 안정되어 보이는 무언가를 일컫는다. 게다가 그 의자는 앉는다는 것을 의미하는 안정된 기능(유용성)에 더 잘 부합한다. 마찬가지로 테이블은 먹고 쓰고, 서류를 처리하고, 꽃병을 놓는 데 쓰인다. 우리가 내의나 식기를 정리해 두는 장도 마찬가지이다. 이와 같은 물건은 똑같은 영역에 다시 모이게 되는데, 그것은 일상 생활에 사용되고 있는 가구의 영역을 일컫는다. 그런 것이 바로 범주를 일컫는 것이다. 그렇게 관념이나 용도·유용성·수단 혹은 목적이라는 똑같은 '서랍' 속에 사물의 범주와 분류에 대한 생각이 나타나는 것이다.

2

실체를 옮겨 놓는다는 것

객관성의 구성

객관성의 문제는 '객관적'이거나, '사실의'와 같이 지식을 간주하지 않게 되는 역사적 순간에서부터 시작되는데, 그 이유는 객관성의 문제가 주어진 실체에 일치하는 것으로 가정되었기 때문이다. 이런 태도는 바로 고대인들이 취한 입장이었다. 그 경우는 더 이상 실체를 생각하기 위해서 처음으로 수학적 도구를 사용하고, (입자의) 궤적·무게·속도가 될 '신체'를 똑같은 방법으로 취급하는 갈릴레오 물리학에서부터 나온 것이 아니다. 뉴턴(1642-1727) 물리학은 더욱 진보를 하고, 그의 물리학으로부터 칸트(1724-1804)는 오늘날의 객관성에 대한 문제를 제기한다.

뉴턴 역학은 개개인의 주체를 지각하는 실체와는 별개의 실체에 관련된 것이다. 더구나 뉴턴 역학은 필연성과 보편성을 가정하는 표상의 요소를 제기하고 있다. 칸트는 이원성을 제기할 것을 택한다. 표상은 경험적(우리가 사물과 세계를 보게 되는 지각)이며, 동시에 지적인 것(우리가 사물로부터 추출하고 다양성 이면에 있는 것들을 지칭해 주고, 정렬해 주는 추상적 관념과 개념들)에서 올 것이다.

다음과 같은 경우가 있다고 생각해 보자. 수많은 모양의 신발이 있지만, 나는 어떤 것을 특별히 명시하지 않고 "내게 신발이 필요하다"거나 "신발은 우아함에 필수 불가결하다"라고 말할 수 있다. 여기서 문제가 되는 것은 전체적 요소로써 신발을 생각한다는 것이다. 이런 생각은 그같은 모양의 신발을 만들 수 있다는 모든 단순한 생각을 '초월하는,' 다시 말하자면 넘어서는 것이다. 객관성이란 그러므로 이와 같은 예를 통해서 일종의 **선험적 대상**이나 **대상-형태**에 매번 일치될 것인데, 어떤 것은 우리가 신발이나 유행의 세계에 대해 가지고 있는 지식이나 경험에서 추출될 수 있는 것이다.

그런 것은 칸트의 생각은 아닌데, 그에게 있어서 선험적 대상이란 **보편적 주체**가 인식할 선험적 형태가 될 것이다.(《Prolégomènes》, 13장) 달리 말해 칸트에게 있어서 선험성이란 대상과의 관계가 아니지만 모든 (보편적) 주체나 개인이 **선험적으로** 대상을 갖게 될, 다시 말해서 우리 내부에 보편적이고 선천적으로 있을 법한 '지식의 능력' 덕택에 경험과는 별개의 대상을 아는 지식을 일컫는다.

이와 같은 개념은 만족할 만한 것은 아니다. 이 개념은 상황이 변하고, 주체(우리들 자신)를 변화시킨다는 사실을 설명하지 않고 주체 안에다 객관성을 위치시킨다. 그런데다가 특히 이 개념은 어떤 방법에서는 실체가 '유일한' 것이라고 주장한다. 그런 주장은 현대 물리학의 발전이 상당히 의문시하고 있는 것이기도 하다.

첫째, 알베르트 아인슈타인의 역학은 획일적 시공간에서 규칙적으로 위치를 바꾸며, 불변의 질량으로 인식되고 있는 물리학의 대상에 대한 측면을 의심한다. 그리고 나서 루이 드 브로글리(1892-1987)의 영향하에서, 빛과 같이 하나의 현상을 생각하려는 양자역학은 파장(간섭)과 분자(에너지의 불연속적인 발산)같이 빛의 속성에 대한 이중성을 제기하고, 또 과학적인 지각과 사고에서 즉각적인 모습의 역할을 거부한다. 마지막으로 베르너 하이젠베르크(1901-1976)의 **비결정론** 원리는 인과론에 대해 우리가 공통적으로 갖고 있는 모든 개념을 다시 생각하게 한다. 이 원리는 다음과 같이 요약될 수 있다. 우리가 한 분자(어떤 전자)의 운동량과 위치를 동시에 측정하고자 한다면, 측정에 대한 실수나 비결정은 측정 도구의 질이 어떻든간에 어떤 한계치하에 놓이게 될 수 없을 것이다. 양자역학에서 객관성의 문제는 그러므로 고전역학에서 볼 수 있는 경우가 아닌, 관찰된 대상은 관찰에 따르지 않은 대상과 같은 방법으로만 묘사될 수 있다는 사실에 근거를 둔다.

우리가 더 이상은 '선험적' 주체와 대상의, 즉 모든 역사와 변이 이외에 있는 주체와 대상의 영원성에 대한 생각을 더 이상 허용할 수 없다는 것이 이와 같은 새로운 상황에서 파생될 것이다. 달리 말해서, 객관성이란 것은 모든 것에 매번 주어진 것이 아니다. 모든 과학은 나름의 역사가 진행되는 동안 과학의 형태나 그것의 대상, 그리고 그것에 맞는 객관성의 형태를 규정하고 있다.(오루와 베유, 1991, 352-353쪽) 마찬가지로 피아제는 지능이란 것은 모든 대상을 제외하고서나 행위가 없이는 발달하지 않으며, 그 지능이 발전하는 데는 생물학적 조건이 있다는 사실을 주장한다. 이런 조건들은 피아제에 의하면 다음 세 가지로 귀결되어질 수 있다고 한다.

1) **동화 작용.** 유기적인 조직체는 자신이 살고 있는 환경에서 적응해야만 하며, 반사적 행동은 첫번째 **정신 도식**을 구성하는데, 그런 행동은 다시 말해서 유아에게 있어서 엄마 젖을 빨아들이기에

앞서 젖꼭지를 잡으려 하는(움켜잡음) 도식을 반복된 행동에 적용한 일반화의 첫번째 도구를 구성하는 것이다.

2) **인지 조절**은 외적 조건의 영향하에 이와 같은 동화 작용의 도식을 변경시키는 모든 것에 부합된다. 그것은 인간 주체가 이미 경험화되고 증명된 행위 도식의 새로운 상황에 적용하려고 할 때의 실질적인 지능 과정을 일컫는다.

3) **균형잡기**는 이와 같은 과정을 통괄하고 완성한다. 그리하여 지능은 일종의 **균형** 상태이며, 항상 일시적이며 불안정한 것이지만, 처음 유년기부터 성인이 되기까지 '본성'의 한 중앙에서 우리의 운동을 전해 주며, 인지적인 모든 행동의 적응 능력을 옮겨 놓는다.

그러므로 우리는 항상 '본성,' 우리의 것, 다른 사람의 것을 분류하고 범주화하고 있는 중이다. 이 모든 것은 '본성'을 '이해하려는' 데서 비롯된다. (지능의 의미에 대해 말하자면, 이 단어는 '이해하다'를 의미하는 라틴어 intellegere에서 온 것이다.)

'자연'에 대한 생각의 간략한 역사

자연과 관련한 인간의 첫번째 이해 관계는 신기하게 나타난다. 그것은 선사 동굴에서 나타나며, 사냥꾼에 의해 포위된 상처받은 들소나 영양을 그린 그림이고, 확실히 사물과 세계를 지배하는 주술의 목적을 나타내는 그림이다. 이런 마술적 재치는 그후로 사라져 가는가? 반드시 그렇지만은 않다. 그것은 수 세기를 통해서 계속 지속되고 있다. 예를 들어 우리는 17세기에 환자 개개인을 치료하는 데 있어서 특수한 성인(聖人)과 관련하여 환자들을 선정하는 수많은 의학서를 보게 되고, 오늘날 천체 예언과 숫자점, 다른 마술을 믿는 부산물들이 얼마나 명백한 신봉자를 가졌는지 혹은 갖지 못했는지를 알고 있다.

마법은 일상적인 일처럼 이야기의 일부를 이룬다. 그 이야기는 우리로 하여금 평범한 이야기를 하는 경우에 듣게 해주는 불순한 환경과 자연을 설명하는 데 대해서 증언을 해준다. "오염의 실수이다" "그것은 핵에너지이다" "그것은 오존층이다" 등등 각각의 문장은 이 문장들에서 할 수 있는 설명을 찾는다. 중요한 것은 원인과 이유를 찾아내는 것이다. 장 피아제(《아동의 세계에 대한 표상》, 260쪽)는 아이에게서 잠정적인 추론의 단계를 다음과 같이 관찰하고 있다. 5세경에, 아이는 별과 구름이 그를 향해 움직이고 그를 '따른다'고 믿는다. 6세경에, 이런 '개인주의'는 점점 더 높아만 간다. 세계의 요소들은 아이에게는 우리와 같이 살아 있는 것처럼 보이게 된다. 그 요소들은 인간의 행동 방식을 돕거나, 그런 방식을 변화시키기 위해 이동된다. 우리는 이와 같이 아이들의 모습에 근접해 있는 본성에 대한 인간의 첫번째 모습을 상상해 볼 수 있다. 오랫동안 우리는 천체가 우리의 운명을 지키기 위해 그 자리에 있다는 것을 믿었고, 어떤 이는 아직도 그것을 믿고 있다. 그 증거는 혜성이 커다란 사건을 알린다는 것을 가정하는 데서 잘 나타난다. 그것은 순진성의 문제인가, 아니면 순수성의 문제인가? 두 가지 모두 이 문제에 해당되지 않는다. 그것은 단지 세계의 마술적 개념에서 비롯되는데, 그것에 의하면 자연에서 일어나는 어떤 것도 우연에 의한 것이 아니다. 이런 개념은 인류학자들이 관찰했던 것과 마찬가지로 수많은 '원주민들'에게서 볼 수 있는 것이다. 세계의 요소들은 모두 '살아 움직이고' 서로간에 관계를 맺고 있다. 모든 것은 원인을 갖고 있으며, 사고와 마찬가지로 질병은 처벌되며, '과학'이 있다면 그것의 역할은 '사물 뒤에 숨겨진' 신비한 의미 작용을 간파하는 것이다.

현대 서구 사회의 진정한 탄생은 기원전 5세기에 일어난다. 그것은 그리스 사고에서 비롯되는데, 그리스인들은 도시(cité)를 만들어냈다. 그들과 더불어 법뿐만이 아니라, 자유와 객관성의 시초에 대한 성찰은 필수 불가결하게 된다. 자연은 요컨대 신들의 일시적 사랑에 따르는 것이 아니고, 인간은 나름의 자유를 똑같이 소유하고 있다. 그것은 첫번째 혁명을 알리는 것이다.

두번째는 소크라테스가 개념들, 다시 말해서 그 **개념들** 나름의 정체성을 갖고 있는 사고를 정의하기 시작한 때 도래하게 된다. 인간은 신들에게 부여된 의도나 예상한 믿음에 따라서 세계에 연결된 모습을 뚜렷이 드러내거나 추론하기 시작한다.

세번째 단계. "인간은 배열을 하고, '사실이 되어 버렸다.' 자연은 제각기 참된 객관성을 조직할 권리를 받아들이고, 받아들이기 시작한다."(르노블, 1969, 64쪽) 그것은 아리스토텔레스의 시대이다. 사물은 더 이상 신에게 숨겨진 의향의 신호도, 다른 실체의 '그림자'도 아니지만, 그들 나름의 실제(그들의 것인 형태·무게·운동과, 그 실제들이 우리에게 주고 있는 감각들)를 갖고 있는 '존재'이다. 그 때부터 진정한 현대적 사고가 있게 되고, 자연과 존재의 법은 더 이상 우리의 욕구나 믿음에 따라서 상상하는 것이 아니라, 우리가 그것을 관찰하는 것에 따라 인정하고 묘사하도록 한다.

고대 로마인인 플리니우스(23-79)는 처음으로 이런 목표를 실현하고자 한다. 그의 위대한 저서 《자연사》는 식물이나 하늘·동물·돌을 묘사하고, 특별히 분류하고자 했다. 그는 자신에게 묻는 형태로, 저서의 마지막에 야심에 찬 내용을 다음과 같이 요약하고 있다. "오! 모든 사물의 근원인 자연이시여, 안녕하시나이까. 그리고 모든 로마인들로 하여금 당신의 조화로운 조직 안에서 당신을 알게 했던 나에게 호의적이게 해주소서! 로마인들 사이에서만이 나는 완벽하게 자연을 묘사했다."(《자연사》, XXXVII, 77, 3)

내용은 분명하고, 우리는 그것을 오랫동안 사고의 역사에서 보게 될 것이다. 자연은 그 자체 내에 '조화로움'을 간직하고 있다. 그것에 대한 '도식'을 작성해야만 한다. 그러므로 우리는 세계의 의미, 개별 종자들의 특성, 인간의 위치를 이해할 것이다. (혹은 희망한다.) 바로 그런 이유로 플리니우스의 《자연사》는 사물과 관계하는 천문학이나 지리학·물리학을 취급하게 된다.

플리니우스의 천문학은 '완벽한 구'의 형태를 갖고 있으면서, 그 중심에 지구가 있는 유한 세계의 불완전한 천문학이다.(II, 2) 천체는 모두 의미를 지니고 있으며, 그들 의미를 각각 신에게, 어떤 사투르누스나 냉혹한 성부·성모, 게다가 마르스와 화염에 싸인 전쟁의 신을 연결해 준다. 그것들의 지정학적 개념들은, 중심으로부터 공간을 정돈하면서, 그리고 세계의 한계까지 가면서 관찰과 신화를 혼용하는 초보 수준의 물리학에 속하는 것이기도 하다. 여기에서의 중심은 로마 제국이다. '로마의 평화'는 갈리아인들이 있는 대서양에서 북쪽, 동인도, 우리가 아프리카라고 알고 있는 에티오피아 남쪽까지 가는 경제적이고 지역적인, 그리고 식민지적 단위에 토대를 둔다. 지구 전체는 사방으로 '천체를 만들어 내는' 무한한 대서양으로 한정됐고, 군대가 정복해 나가는 것은 이 전체에 모아진 모든 나라를 알게 해주었다.

중요한 질문이 제기되는데, 그것은 다음과 같다. 이와 같이 아주 다른 '자연' 으로부터 무엇을 할 것인가? 아주 대조되는 모든 사람들로부터 환경과 물리학은? 그것들을 연결해 주고 서로간에 대립시키는 것을 어떻게 정의하겠는가? 그런 것들을 설명하기 위해서 플리니우스는, 예를 들어 지구와 달간의 연합과 이중성을 설정하는 원초적 사고의 이상한 흔적과, 금속이나 식물, 실체의 특성에 근거한 자연적 순서의 설명을 되찾으려는 현대적 생각이 동시에 존재하고 있다고 생각한다.

그러므로 달의 '천사들' 은 농업에서 뿐만 아니라, 의학에서도 중요한 위치를 차지한다. 그것은 은하수에도 마찬가지로 혜택을 준다. "그들이 발산해 내는 것은 젖과 같이 모든 종(種)에게 우유를 제공해 준다."(XVIII, 69) 하지만 이 모든 것에는 어떤 것도 마술적인 것이 없다. 문제는 현실적으로 연도의 시간이나 순간에 따라서 식물을 지배하는 계절과 미묘한 현상을 알고 있는 모든 것, 예컨대 농부·정원사에게 친숙한 실용적인 달력과 관련된다. 플리니우스의 직업은 무엇보다도 의사이다. 자연은 효용 가치에 의해 정의되고, 무엇보다도 배열에 의해 정의된다. "자연과 그것의 법을 발견한다는 것은 자연의 충고를 다루는 것이고, 두려움으로부터 벗어나는 것이다."(플리니우스, II, 9, 2: 르노블, 1969, 183쪽)

이런 자연의 배열, 그것을 만드는 것은 인간이다. 그 자연은 신들에 의해 있는 그대로 우리에게 주어진 것이 아니고, 인간을 혼란케 하는 것이 동시에 주어진다. 그렇지만 그런 것은 어쨌거나 신들의 분노를 사는 것이다. 가장 머나먼 고대나 확실히 선사 시대 이래로, 인간은 정렬을 하기 위해 자신을 이해해야만 하는 동물과 식물·사물의 세계에 대해 자신들 주위에 있는 존재를 통해 동요되는 것을 느끼게 되었지만, 그것은 그런 것들로부터 교훈이나 이익을 챙기기 위한 생각이나 모습에 불과하다. (어디서 어떻게 설명을 이해하겠는가? 리트레 사전(1863-1872)은 '자연'이란 단어에 대해 29가지 의미를 부여했으며, 게다가 이 모든 의미는 각기 다른 정의를 내리고 있다.)

고대 이후로 자연에 대한 다른 생각, 즉 그리스도교주의에 대한 생각이 상승한다. 문제는 다음과 같은 세 가지 중요한 질문에 답하는 것과 관련된다. 첫번째는 과학적인 것이다. 사물은 무엇인가? 두번째는 도덕적인 것이다. 어떻게 인간은 세계 앞에서 행동하여야만 하는가? 세번째는 종교적인 것이다. 자연은 신의 작품이란 말인가? 이 세 가지 질문은 중세의 인간을 사로잡았다. 하지만 그들은 지구와 세계를 어떻게 생각했는가? 중세의 인간, 그리고 더 후에 고전기의 인간이 생각한 우주와 사회의 계층에서, 배열은 엄했지만 개개인은 어쨌거나 그 시기에 나름대로의 가치를 지녔다. "우리는 어디에 **기하학**을 위치시켰는가. 중세나 르네상스의 인간들은 가치에 두었다. 자연은 그러므로 그들에게 기하학은 **질량** 체계가 아니고 **특성**의 순서이다."(르노블, 1969, 250쪽)

우리가 시인 단테(1265-1321)를 나타내는 세계는 이러한 사물의 견해를 보여 주는 예가 된다. 이 세계에서 지구는 중심에 서게 되고, 예루살렘은 물론 떠오르는 지구의 중심이다. 인간은 세계를 받아들였고 그곳에서 지배자이지만, 신은 인간을 지배하게 된다. 지구의 더 깊은 곳에는 형벌을 받은 사람들이 있는 **지옥**(inferni)이 있다. 하늘에는 여러 개의 원형 궤도가 있다. 9개로 된 이 원형 궤도는 천국이라는 최고 천(天)에 이르게 될 때까지 지구로부터 멀어지는 것에 따라 천체를 받치고 있다. 천체는 신의 사랑과 우리 지구 사이 중간에 있는 중개자이다. 지구에 박혀 있는 것에 따른 것과 마찬가지로 천사들의 아홉 합창대는 물리적인 아홉 하늘에 일치한다. 우리는 9개의 지옥 궤도를 횡단한다. 이와 같은 자연이 교훈을 주고 있는 엄청난 효능은, 그러므로 신성한 희극의 마지막 운율까지 신의 의지에 복종하는 배열에 있는 것이다. 이 **신성한 희극**은 천체의 찬가, 더 자세히는 태양과 별들을 소멸하는 사랑의 찬가이다. **태양과 다른 별들을 움직이게 하는 사랑……** 이런 자연은 그리스도교적 거리낌이 없이 자신의 존재를 뚜렷이 나타낸다. 그 자연의 임무는 죄악과 은총·구원의 덕을 우리에게 가르쳐 준다.

이와 같은 아름다운 조화는 종교 혁명과 더불어 폭발한다. 자연은 점점 신성한 창조 정신과 더불어 관계되었던 모든 모습을 잃게 된다. 자연은 철학이나 종교적 편견 없이도 자연 그 자체가 된다고 말할 수 있다. 이런 변화는 16세기에 발전된 것이다. 그런 생각은 르네상스에서 아리스토텔레스까지 사람들이 복귀함에 따라서 절정에 다다르게 된다. 그 사람들은 아리스토텔레스가 자신들을 중세 신학자들의 스콜라 철학에서 벗어나게 하고 사물을 전복시키기를 바란다. **형상이란 처음에는 더 이상 질료를 조직하는 것이 아니지만, 자연과 사물의 운동이 무언가를 향해 지향해 가고 있는 것이다.**

르네상스 인간에게 있어서, 자연은 신의 자리를 대신 차지하고 있었다. 왜냐하면 그들은 자연이 영혼을 갖고 있으며, 인간을 섭리로써 돌본다고 생각했기 때문이다. 돌에게까지 정신이 있다는 신비스러운 마력을 훌륭한 그리스도교도가 이어받는다. 그리고 라블레(1494-1553)는 그가 좋은 의미로 돌아오기 때문에 마침내 왔다고 감히 말하게 된다. 그는 연금술사나 점성가·천문학자들을 비웃는다. 그에 의하면 인간은 각자의 운명에 대한 주인이라고 말한다. 이 운명은 사회적이고 도덕적이며, 경우에 따라서는 종교적이지만 전혀 우주적 질서 안에 있는 것은 아니다. 자연이란 인간에 대해 어떠한 마술적 영향도 실행하지 않는다. 자연은 인간 안에 있고, 우리로 하여금 현명함을 발견하게 해준다. 또한 개신교가 원죄와 인간 속성의 간악함에 대한 불안감을 다시 강요했던 라블레 시대에 이렇게 말하는 것은 상당히 파격적인 것이었다.

라블레는 마지막 인본주의자이다. 이후로 갈릴레오(1564-1642)·데카르트(1596-1650)·파스칼(1623-1662)이 뒤를 잇는다. 이들 이후로 17세기의 자연은 역학이 되어 버린다. 1632년 갈릴레오는 《세계의 두 가지 주요 체계에 대한 대화》를 발간하고, 우주의 체계를 설명해 줄 것을 기술자들에게 요구한다. 그것은 자연에 맞선 새로운 인간의 입장을 말해 주는 것이다. 역사에서 처음으로 인간은 '지배자와 소유자'가 된다.(르노블, 1969, 312쪽) 그리스도교도와 그들의 고통은 더 이상 없다. 그 당시 정착하게 된 곳은 복잡한 유럽이었다.

데카르트에게 세상의 근원은 역학이고 기하학이며, 신은 그곳에 사고의 대리자로 인간을 앉혀 놓았다. 만약에 과학이 신의 활동을 이해하도록 해야 한다면, 신은 대중들이 이해할 수 있도록 학자들에게 의무감을 부여한다. '내가 물리학에 대한 일반적 개념을 습득하고…… 내가 어디까지 그런 개념들을 이끌고 가게 될지 알게 되자마자…… 나는 그것들을 숨겨둘 수 없고, 만일 숨겨둔다면 우리 힘이 미치는 데까지 모든 사람의 전체적 행복을 위하여 힘쓰라고 하는 율법을 크게 범하는 것이라고 믿었다."(《방법서설》, 6장)

자연을 소유한다는 것은, 데카르트·파스칼·베이컨(1561-1626)에게 있어서는 새로워진 인간의 성숙함을 증명하는 것이다. "세계의 노쇠함은 우리가 살고 있는 시대이기도 하며, 고대인들이 살았던 시대가 아니고 세계의 젊음이 있는 곳이다."(베이컨, 《신기관》, 1권) 이와 같은 성숙함은 이제부터 기술자들과 같은 방식으로 자연을 취급하게 한다.

먼저 코페르니쿠스(1473-1543)는 수학 용어로, 그리고는 운동과 중력의 새로운 이론을 통해서 갈릴레오는 '천체 역학'의 관점을 뒤집어 버리고, 태양을 우리의 행성 체계 중심에 놓게 된다. 데카르트뿐만 아니라 메르센(1588-1648)은 '동물-기계'의 학설로, 이와 같은 기계론적 철학에 대해 더욱 혼란스런 설명 중의 하나가 되는 것을 만든다. 동물들은 그들이 느끼는 것을 알지 못한다. "그 결과로 짐승들은 행동하지 못하지만 동요하며, 사물은 그들 감각에 대해 어떤 반응을 하게 되고, 그것들로 하여금 괘종시계의 톱니바퀴들이 그것을 잡아당기는 무게나 용수철을 따르는 것과 같이, 그 반응을 따르도록 하는 것이 필요하다."(메르센, 《보편적 조화》, 1636, 1권, 이야기 IV)

그러므로 17세기에는 인간이 자연의 주인과 같은 태도를 취한다. 자연은 이제 신에 대해서가 아니라, 물리학에 대해 말해 준다.

현대성이란 바로 거기에 있다. 역학의 대상이 되어 버린 자연은 점점 더 기술적 탐구에 많은 가능성을 주는 관계로, 그리고 곧바로 공업의 탄생에 의해 구체화되고, 그리고는 어디에나 존재하게 되는 것으로 생각되어진다. 18세기는 이전 역학에 대한 모든 것을 거부하면서, 그와 같은 실리주의 견해를 연장하게 된다. 왜냐하면 18세기는 또한 우리에게 계속해서 흔적을 남겨 주고 있는 자연의 위대한 시선을 갖고 있는 세기이기도 하기 때문이다.

3

살아 있는 것들의 수많은 배열

상세한 검토를 위해 분류한다는 것

파리에 있는 자연사 박물관은 설계의 낡음이나 연속성에 비추어 볼 때, 세계에 단 하나 있는 기관이다. 그곳은 원래 정원이었는데, 1635년에 왕의 칙령에 의해 **왕립 약용식물원**이 되었다. 5년 후 식물원은 일반 대중에게 개방되는데, 사람들은 그곳에서 식물학·화학·해부학을 배우게 된다. 모든 수업은 무료로 진행되었지만, 어떤 학위도 수여되지 않았다. 그로부터 파리 의과 대학이 반감을 갖게 된다. 1665년 그곳 교수인 기 크레샹 파공은 측근들로부터 빈틈 없는 사람으로 호평받게 되고, 모든 내부 알력을 가라앉히면서 그곳 원장으로 취임한다. 그는 프랑스에서 식물학의 창시자인 투른포르(1656-1708)와 과학자들의 첫 계보를 잇는 앙투안 드 쥐시외(1686-1758)를 발견하게 된다. 1686년에는 새로운 시대가 시작되는데, 그 시대는 우리가 루이 14세의 말라리아를 치료하는 기나나무와 같이, 멀리 있는 나라를 여행하고 열대 식물을 풍토 순화시키는 시기이다.

1739년에 식물원은 공식적으로 **왕립 식물원**이 된다. 조르주 루이

르클레르 드 뷔퐁(1707-1788)은 관리인으로 임명되었으며, 50년을 그 자리에 있게 된다. 국제적 도량을 가진 인물로 알려진 그의 명성은 식물원에 상당한 파급 효과를 주게 되며, 세계에서 가장 커다란 식물원이 되게 한다. 1749년에서 1788년까지 36권으로 발행된 그의 《자연사》는 지식과 유형·분류에 관한 불후의 명저가 된다. 그 책은 포유류나 조류·광물의 묘사를 연속적으로 발전시키기에 앞서서 지구의 역사와 인간의 역사에 대한 처녀작이다.

뷔퐁은 혁명이 일어나기 1년 전에 죽었다. 4년 후, 국민회의는 '자연사 박물관이라는 이름하에 자연사의 보관실과 국립 식물원 조직에 관한' 칙령이란 용어를 붙여 가면서 식물원의 중요성을 확고히 다져 나간다. 그렇게 '박물관'은 탄생하게 되고, 40년 이상을 번창하며, 또한 그로 인해 상대적인 쇠퇴의 길에 접어든다.

포유류·조류에 대한 동물학 교수 알퐁스 밀른 에드워드는 1890년에 원장이 되었다. 그와 더불어 자연주의자들이 복귀하게 된다. 그 전해인 혁명 1백 주년 때, 당시에는 '과학의 루브르'라 이름 붙여진 동물학 갤러리를 창시했다. 그 갤러리는 낡았다는 이유로 해서 1965년 일반인에게는 문을 닫는다. 박물관은 전쟁 이후에는 오랫동안 어려운 재정 적자 시기를 맞는다. 그러나 1975년 재정비 계획이 세워지게 되고, 이와 같은 재정비 계획의 가장 눈부신 결과는 동물원의 갤러리를 대체시키고, 특히 곧바로 대중적인 성공을 인식하게 한 살아 있는 종(種)을 현란하게 등장시키면서, 진화의 거대한 갤러리가 1994년에 개장된 것에서 잘 알 수 있다.

박물관은 오늘날 '24만 3천 개의 광물, 30만 개의 돌, 2천 개의 운석, 2백만 개의 식물성·동물성 화석, 7백만 개의 민꽃식물 표본,

8백만 개의 꽃식물 표본, 1억 5천만 마리의 곤충, 1백만 마리의 어류와 파충류, 20만 마리의 새들, 15만 마리의 포유 동물, 3만 5천 개의 인간의 뼈, 1백만 개의 선사 시대 골편, 30만 개의 민족지의 물건들, 2만 5천 포기의 살아 있는 식물, 5천 마리의 살아 있는 동물들'이 있다.(레쉬, 65쪽) 세계의 어느곳도 이와 같은 풍부함을 제공해 주는 곳은 없다. 그것은 끈기 있는 수집과 탐험을 통하여 18세기에 시작된 자연에 대한 '엄청난 조사' 결과이다.

우선적으로, 오늘날의 퀴비에 거리를 따라 만들어진 비교해부학 갤러리가 있었다. 그곳은 조르주 퀴비에(1769-1832)가 이집트에서 가져온 클레베르 장군을 살해한 사람의 것과, 나폴레옹의 외과 의사인 라리에 의해 전쟁터에서 모아진 러시아 군대의 기병 두개골 같이 온갖 종류의 뼈대를 몽마르트르 거리에서 보게 되는, 선사 시대의 화석을 난잡하게 쌓아두는 바로 그런 곳이다. 1898년에 이 모든 것은 뷔퐁 거리로 옮겨지게 된다. 그곳에서 우리는 뒤르포르가 발굴한 거대한 코끼리 뼈대인 Elephas meridionalis와, 태아가 6개의 팔을 가진 태초의 인간 모습을 한 괴물들과 나란히 있는 여러 개의 표본용 병을 세지 않고서도 선사 시대의 여러 물건을 지금도 볼 수가 있다. 얼마 후 1833년에서 1841년까지, 사람들은 광물학의 수집품들을 전시할 두번째 갤러리를 뷔퐁 거리와 바로 인접한 곳에 신축한다. 어떤 곳은 과학학술회의에서 니콜라우스 1세에 의해 조금씩 주어진 희귀한 광물에서부터 최근에 구입한 것까지 진기한 물건으로 장식되어 있다. 이와 같이 브라질로부터 들여온 막대한 수집품이거나, 루이 18세의 개인 소장품 2만 개이다. 이 모든 것이 세계에서 가장 풍부한 총체적 효과 중의 하나를 이루고 있다. 아직도 수많은 식물 채집, 그 자체가 수백만 포기의 식물과 말린 꽃을 수용하고 있다는 것은 무엇을 말하며, 무엇이 오늘날의 식물원의 건물을 차지하고 있는가?

수집이나 상세한 목록을 작성하는 마지막 처리 과정은 보물을 추가하면서, 계속해서 박물관의 생동감을 장식해 나가는 것이다. 이미 1735년에, 에콰도르에서 가까운 자오선의 위도를 측정하기 위해 3명의 학술원들과 떠났던 앙투안의 형인 조제프 드 쥐시외(1704-1779)는 페루에서 35년을 지내게 된다. 우리가 처음에는 껍질만을 사용하는 걸로 알고 있던 그 유명한 기나나무와 같이, 정확히 약용 종(種)을 목록화할 목적으로 계속 일한다. 마침내 1820년에서야 사람들은 말라리아와 싸우기 위해 항상 소중하다고 생각하는 황산키니네를 추출해 내는 방법을 알게 된다.

다른 사람들은 식물·곤충·광물의 고된 분류를 가이아나와 앤틸리스에서 찾아보려고 한다. 그곳에는 1762년에서 1764년까지 수아쥘 장관에 의해 가이아나에 급파된 장 바티스트 퓌제 오블레라 불리는 약제사가 있었다. 그를 기억해 두자. 이름이 귀엽다. 그 이름은 피에르 푸아브르 덕택에 1770년 인도양으로부터 일드프랑스에 도입된 종과 육두구(肉荳蔲)이다. 왕립 식물원은 개장되고, 이를 위해 한 사람이 중요한 역할을 하는데, 1764년 17세의 나이로 뷔퐁에 의해 장(長)으로 임명된 정원사 앙드레 투앵이다.(레쉬, 1995, 40-41쪽) 바로 그가 모든 사람을 양성하는데, 다른 누구보다도 뛰어난 식물학자인 코메르송을 부갱빌과 함께 세계 곳곳에 파견하고(1766-1769), 마침내는 일드프랑스에서 죽는다.

하지만 하나의 전환기를 마련한 것은, 1798년에 이집트를 정복한 보나파르트와 함께 학자들을 파견하게 된 것이다. 그들 가운데 에티엔 조프루아 생 틸레르(1772-1844)가 있는데, 그는 팔과 같이 앞뒤로 놓여진 지느러미를 갖춘 경린어류(硬鱗魚類)와 파충류를 특별히 수집하는 사람이며, 퀴비에는 그에게만 파견에 대해 정당화하였다고 말한다. 생 틸레르는 고대 이집트인들에 의해 방부 처리된 수많은 동물 미라인 이비스와 고양이 등을 가져온다. 붕대를 벗겨낸 퀴비에는 이 동물 미라들이 아직도 살아 있는 동물들과 유사하다는 것을 확인한다. 그는 그런 사실로부터 **종의 불변** 이론이라는 논항을 끌어낸다.

혁명과 제정 이후로, 다른 식의 파견이 전세계를 누비게 된다. 그것은 발견에 대한 상상을 초월하는 열망과도 같았다. 하지만 발견되고 수집된 이 모든 종(種)들은 언젠가는 잘 조직될 필요가 있었고, 그것은 단지 앞뒤를 잘 분간하기 위한 것이다. 16세기말부터, 목록에 작성된 수많은 종들은 과잉 생산되기 시작했다. 자연주의자들에게서 긴급한 것은 공통의 언어를 설정하는 것이었다.

18세기에 스웨덴인 카를 폰 린네(1707-1778)와 더불어 공통의 언어를 설정하는 것이 가능하게 된다. 모든 학자들에게 당시의 공통 언어는 라틴어였기 때문에, 그는 간단한 체계를 생각하는데, 그것은 개별 견본에 대해 각기 두 개의 단어를 사용하는 것이다. 첫번째는 유형을 지칭해 주는 실사이고, 두번째는 유형의 내부에 있는 종(種)을 표시해 주는 형용사이다. 예를 들어 **펠리스 레오**(Felis leo)는 우리가 '사자'라고 명명하는 종을 고양이과에 표시하고 있다. 1759년에 《자연의 체계》라는 린네의 저서가 출간된 것은 근대성의 출발을 알려 준다. 오늘날 자연주의자들에 의해 인정된 모든 종은 린네가 발명한 코드를 존중한다. 린네 덕택에 **계통학**은 완전한 과학이 된다. 그것은 살아 있는 존재를 묘사하는 것으로서, 그리고 그런 존재를 나타내면서 분류를 발전시키려는 목적으로 그 존재들간의 혈통 관계 연구로서 정의된 학문이다. 무엇보다도 종자의 외적인 면을 중시하며 뿌리내려진(그들의 형태론) 계통학은, 20세기에 들어서는 생화학과 분자 요소를 통합하면서 발전해 나가고 있다.

중요한 발전 과정이 1950년대부터 떠오르기 시작하는데, 그 당시는 독일의 곤충학자 빌리 헤니히가 출발 원리로서, 살아 있는 존재에게는 유사성과 계통의 등급간에는 직접적 상호 관계가 없다는 입장을 취하면서 분류에 대한 계통발생학적 방법을 제의했던 시대이다. 달리 말해서, 그리고 풍자화함으로써 유사성이란 것이 확실한 계보를 형성해 주지는 않는다는 것이다. 헤니히는 연속적인 계통이 출현하게 된 역사를 보여 줄 목적으로 유기체의 계통가지를 설정하고자 했다. 이 나뭇가지는 그에 의하면 **분기도**(그리스어 clados, 즉 '가지')라고 불렸다. 바로 그런 이유로 그의 방법론은 '계통발생학적 분류'라고 불리게 된 것이다. 다른 이론은 아주 최근에 종의 역사를 서술하기 위해 새로운 방법을 시도하려는 미국인 R. P. 사이키에 의해서 1985년에 제기되는데, 이번에는 유전 코드 분석에 근거를 두고 그 방법(Polymerase Chain Reaction 대신 'PCR'이라고 말해지는 방법)이 실행되고 있다.

살아 있는 것의 역사, 종의 진화, 세계의 상세한 검토에 대한 기나긴 의문점은 현실의 관심사 이상이라는 것을 말해 두고자 한다. 계보나 계통에 대한 망상은 그런 것을 반영한다. '수집'은 박물관

연구를 하는 데 있어 커다란 버팀목으로 자리잡고 있다. 그것에 대해서는 사이키의 1995-1999년도 '설립 계획'이 증명을 하고 있다. "박물관은 식물학과 동물학에서와 같이 살아 있는 중요한 수집품을 똑같이 소유하고 있다……. 이와 같은 수집 기준은 수십 년 전에 시작된 목록 조사 정책에 의해 높은 평가를 받았다. 그리하여 컴퓨터로 처리된 데이터뱅크 CIGIM은 여러 용도를 갖게 된다. 예를 들어 러시아 선원들이 프랑스 영해인 케르겔랑 제도에서 낚시를 할 때, 박물관 사람들은 이 선원들이 어떤 종에 대해 낚시할 권리를 갖고 있는지를 알기 위해 낚시 수첩을 면밀히 조사하게 된다. 게다가 그런 종들을 안다는 것은 자연적으로 계통학이나 기초 수집으로 되돌아가는 것을 의미한다……. 식물에게는 목록 작성이나 식물지가 아주 유용하다……. 1962년에 안데스 산맥에서 발견된 야생 토마토는 토마토가 서로 다르다는 일종의 다양성을 발견하게 해주었다……. 그것은 곤충학에 있어서도 마찬가지이다. 말라리아는 세계적인 재앙의 씨이며, 그것을 전염시키는 요인인 감비아의 학질모기가 우리가 알고 있는 것처럼 유일한 종은 아니다. 하지만 여섯 가지 종이 있으며, 체계적 실체는 더욱 복잡하다는 것을 최근에서야 알게 되었다. 그러므로 수집은 항상 기초를 다지거나 참고 자료로 사용된다."(《국립 자연사 박물관의 설립 계획》)

살아 있는 것에 대한 일반적 범주화

어떤 것도 실제로는 과학이 우리에게 그렇게 많은 수고를 제공해 주었다는 이런 식의 분류보다 안정감을 주지 못하고 있는데, 그것은 **계통도**(systématique)가 증명해 주고 있다. 어원학적으로 '분류과학'(그리스어 taxis, '배열·정돈')이란 의미에서 taxilogie를 말하는 것이 더 정확할 것이다. 하지만 '규칙적인 법칙과 그것들의 합리적 배열'의 과학을 꿈꾸어 왔던 A. P. 드 캉돌(《식물학의 기초 개론서》, 1813) 이후로, 사람들은 '살아 있는 형태에 대한 분류법'이라는 일반적 의미에서 말해지는 분류학 외에는 더 이상 언급하지 않고 있다. 그것은 역사적으로 우리가 결정하고자 하는 **형태**와, 그런 형태에다 근거를 두는 분류 사이의 관계에 관한 문제이다.

두 가지 방법이 19세기부터 서로 부딪치게 된다. **체계**라 불리는 첫번째 방법은, 동식물의 인위적 분류로 구성된다. 사람들은 여러 분류 단계에서 기준으로 단 한 가지 특성을 취한다. **방법**이라 일컬어지는 두번째 방법은 유기체의 중요한 배열을 따르면서, 그 유기체 내에서 관찰된 모든 요소들을 설명한다. 19세기의 첫번째 계통도에서부터, 이 두 용어의 무분별한 사용이 있게 된다. 《자연사의 보편적 사전》에서 앙투안 드 쥐시외는 목표에 이르는 데 있어 필요한 경로를 지칭하기 위해 방법이란 용어를 사용하고, 태양계와 같이 자연의 배열을 의미하기 위해 체계란 용어를 사용하고 있다. 마찬가지로 앙투안 로랑 드 쥐시외에 의해 인식되고, '자연적'이라고 이름 붙여진 식물학적 분류를 규정하기 위해 우리는 또 한 방법에 대해 말하게 될 것이다.(《Genera Plantarum》, 1789)

이와 같은 용어의 다양성은 똑같은 질문에 대한 회답으로써 분류 방법을 마련하려는 어려움을 표현하고 있다. 자연은 우리 정신에 강요되고 있는 **배열**에서 부여받고 있는가? 혹은 이런 배열을 찾아야만 하는가? 그렇다면 어떻게 찾아야 하는가? 어떤 사람들은 '자연적 배열'에 대해 이미 존재하고 있는 것으로 생각한다. 모든 사람들은 분류하는 것을 안다는 것이 인간의 힘이라고 생각한다. 이 모든 동식물의 다양성에 직면해서, 그 다양성을 모으고 조직함으로써 다양성간의 결합을 가정하는 것이 우리에게는 자연스러워 보인다. 그러므로 이중적인 과정이 과학에서 만큼이나 자연적 사고에서도 이용되고 있는 듯이 보인다. 이중적 과정은 먼저 존재들이나 그들의 특성에 적용된 단순한 개념의 '제작' 과정, 그런 다음 다소간은 거대한 일반성의 계층을 구축하려는 목적으로 서로서로에 대한 개념의 종속 관계 과정을 말한다.

그리하여 우리는 개라는 동물은 그 주인에게 충실하고, 4개의 다리를 가지고 있으며, 짧고 길며 색깔 있는 털을 가지고 있고, 뷔퐁 이후로는 확실히 사나움을 설명해 주는 늑대의 후손으로 생각되는 널리 퍼져 있는 동물을 일컫게 된다. 하지만 우리는 개의 종이 3백 28종류나 된다는 것을 알고 있는가? 게다가 그 많은 종류로는 제대로 된 것을 알지 못하기 때문에, 모든 적용 가능한 일반적인 두 가지 기준, 형태학과 사용도에 따라서 재편성해야만 한다. 10개의 개군(群)은 다음과 같이 주어진다. 양을 지키는 개, 스위스에서 소를 지키는 개, 여우나 토끼를 잡는 테리어, 다리가 짧은 사냥개, 스피츠, 경주용 개, 사냥개, 사냥감을 날치기하는 개, 애완견, 사냥개인 그레이하운드.

'형태'의 구성

실제로 학술적인 분류와 우리가 하는 일상의 범주화 사이에는 어떤 교차되는 부분이 있다. 우리가 하나의 범주를 정의한다면, 그 범주를 정당화하거나 인정하게 되는 **형태**에 따라서 항상 서로서로의 경우 안에 있게 된다. 그런 형태는 다른 표본 사이에서 확인된 유사성으로부터 얻어진 도식적 의미에 일치하게 될 것이다. '생물학적 형태'는 공통적 자질을 정의하고 있는 일종의 추상적 관념이다. 이와 같은 자질을 도표화하기 때문에 추상적이며, 동시에 가장 대표적인 것으로 간주되는 존재가 있기 때문에 구체적이다. 살아있는 것들의 군이나 식물군에 대한 **표본**은 이런 형태에 결부되었는데, 어떤 것은 **분류군**이라는 분류에 둘러싸이게 된다. 우리는 다음과 같은 어려움을 생각한다. 개개인을 한데 모으기 위해 선택된 공통 자질의 규약에 의하면, 어떤 집단은 다소간은 동질적일 수 있으며, 이런 집단을 정당화해 주는 형태는 다소간은 문제가 되는 개인들에 근접해 있다.

이런 식의 자연적 형태를 구축하기 위해서, 우리는 형태·구조·기능·행동이라는 네 가지 종류의 기준을 생각할 수가 있다. 양방 간의 선택에 의해서, 우리는 형태론적이거나 해부학적·생리학적·비교행동학적 분류를 할 수가 있을 것이다. 매번 처음에 취해진 해결법은 선택된 형태를 상당히 변경할 수 있으며, 대부분의 경우에 개별 분류(살아 있는 것의 개별 '이론')는 나름대로의 형태를 이끌어 낸다. 매순간 분류할 때마다 가능한 만큼이나 '자연스런' 분류를 하려는 목적으로, 다시 말하자면 개개인간의 유사성을 더욱 잘 암시해 주면서 분류의 내적인 일관성을 받아들이게 된다. 이와 같이 실제적이고 동시에 인식론적인 어려움——존재들을 정렬시켜야 할 불안감——은 세계에 대한 우리 지식의 구성과 학식에 관한 질문의 한가운데를 차지하기까지 한다.

역사는 이와 같은 어려움을 증명해 주고 있다. 단지 최근에서야 식물에 대해서는 베르나르 드 쥐시외(1699-1777), 동물에 대해서는 조르주 퀴비에(1769-1832)와 더불어 일반적이고 잘 정돈된 분류작업을 하는 데 있어서 만족스런 원리를 사용하게 된다. 바로 그들로부터 현대적 계통도는 기본 단위로 **종**을 취하면서, 그것으로부터 **유형**이나 **배열**(동식물 분류상의)·**강**(綱)을 구성하면서 나름대로의 토대를 마련하고 있다. 이와 같은 네 가지 기본 '단위'(유형에 대한 이름과 종에 대한 형용어)는 여전히 시행되고 있는 이항적 분류법에 따라서 린네에 의해 고정되게 되고, 그 후계자는 더 세분화되는 것에 만족해하였다. 사람들은 **강**보다 위에 (동물이나 식물의) **문**(門)과 **계**(界)를 설정했으며, 종보다 하위에는 **하위 종·품종·변종**을, 그리고 마지막으로 유형의 하위에는 **하위 계통**이나 **유**(類), (생물의) **아목**(亞目)과 같은 **강**이나 **군**과 같은 삽입 층위와 더불어 있는 동식물의 **과**(科)를 설정해 놓았다.

그러므로 우리는 아리스토텔레스와 그의 《동물사》라는 책 이후로, 살아 있는 것들에 대한 범주화의 역사적 생성 과정을 추적할 수 있다. 그 과정은 종의 배열보다는 묘사의 관심에 우위를 두는 르네상스 시대나 린네, 특히 퀴비에 시대까지 기관의 종속 관계와 상호 관계의 문제에 대한 날카로운 관찰을 이미 밝혀내고 있다. 퀴비에는 그의 《동물계》(1817)란 책에서, 현대적 관점에서 조직의 네 가지 측면을 문(門) —— '척추 동물·연체 동물·절지 동물·방사 대칭 동물' ——과 등급의 형태로 설정하고 있다. 예를 들어 척추 동물의 강(綱)은 포유류·조류·파충류·어류이고, 연체 동물의 강은 두족류나 복족류 등이 있으며, 절지 동물에는 갑각류나 거미류·곤충이 있고, 방사 대칭 동물에는 극피 동물과 장내 기생충 등이 있다.

퀴비에와 식물학 쪽에서 기획한 것과 나란히, 베르나르 드 쥐시외와 그의 조카 앙투안 로랑 드 쥐시외(《Genera Plantarum》, 1789)는 식물의 자연적 유사성에 따라서 식물을 분류하고 지배하는 특성을 정렬해 주는 과(科)와, 그것의 계층화(식물의 씨눈·수술·암술·화피(花被)·성장 기관)로부터 출발해서 모든 '자연적인 유사성'의 조건을 추적한다. 이것은 '전체에서 부분까지 결론짓게 해주는, 서로 다른 부분 사이에 있는 변함 없는 모든 지식 관계'가 있는 것으로 쥐시외가 요약하고 있는 방법에 따른 것이다.

그러므로 자연사는 궁극적으로는 자연에 대한 지식의 전체 부류를 발전시키는 것을 목표로 한다. 하지만 이런 지식은 우리 지식 안에서 매번 새롭게 풍요로워지는 것에 따라 달라진다. 바로 그것이 모든 자연적 분류의 첫번째 약점이다. 두번째 약점은 이미 앙투안 드 쥐시외가 강조했던 것인데, 그것은 다음과 같다. "지배하는 특성의 평가는 생존 단위에서 그것의 중요성을 '평가하는 것이 아니라 숙고하는 것'으로 이루어져 있다." 결과적으로 모든 분류는 강(綱) 사이에 있는 강과 연결의 정의에 도입하게 해줄 새로운 의미에 종속된다. 게다가 우리는 강·배열·과·유형·종 개념을 가치 있게 평가할 수 있는 방법을 전혀 갖고 있지 않다. 예를 들어 우리는 같은 '강'에다 쥐·소·원숭이·인간만큼이나 다른 '포유 동물들'이나 '종'을 포함시키게 되는데, 이 종들은 공통점으로 새끼를 배고, 그 새끼들에게 젖을 먹이는 데 있으며, 그리고는 보다 진화된 부류급을 찾고자 한다. 사람들은 조류·파충류·어류만큼이나 포유 동물의 강에 속하는(척추뼈를 소유하고 있는 것들) '척추 동물'의 '문(門)'을 창안해 냈다. 게다가 아까워하는 기색도 없이, 사람들은 척추 동물이란 것이 '하트 모양의 아문(亞門),' 다시 말해서 적어도 싹트는 상태에서는 척추 동물 뼈의 원형인 일종의 유연한 막대기와 같은 '등의 인대'를 갖고 있는 동물들의 아문이었다는 것을 결정했다. 이 모든 섬세한 분류 사이에는 어떤 공통점이 있는가? 우리는 그것을 알고 있는가?

살아 있는 것의 유전적 범주화

더욱 심각한 것이 있다. 미세 층위에서 다른 확대된 현상이 분류의 의미를 변화시키는 것인데, 그것은 유전적 돌연변이이다. 이 현상과 더불어 다음과 같이 새로운 생각이 도입된다. 그것은 바로 일련의 형태론적이고 기능적이며, 행동생태학에 상응하는 생각을 대신하는 계보를 통해 파생되는 새로운 생각이다. 다윈에게 있어서는 종과 변종의 개념은 계보에만 근거를 둘 수 있다고 하며, 그는 자신의 책《종의 기원》서두에서 다음과 같이 밝히고 있다. "우리가 이와 같은 계통적 요소의 용도, 다양하게 조직된 것들간에 확인한 유사성에 대해 알려진 원인만을 밝혀 보고자 한다면, 우리가 재구성하고자 하는 자연적인 체계는 살아 있는 형태의 계통적 가지에 불과하고, 다양하게 습득된 형태의 등급은 변종·종·유형·과·배열·강과 같은 용어를 통해서 표현된다는 것을 쉽게 이해할 것이다."

이 순간부터 자연적인 분류는 생물들의 계통학적 가지를 빌려오게 되고, 이와 같은 계통학은 종과 계통간의 차이를 설명해 주는 주요 원인이 된다. 마찬가지로 얼마 후에 게놈의 구성은 종과 그들 관계의 항속성을 설명하는 데 이용된다. 오늘날 우리는 개별 종의 세포핵이 요소들의 고정된 수를 포함하고 있다는 것을 알고 있는데, 그것은 유전의 결정적 요소가 되는 염색체이다. 게놈은 개별 종의 명시적 염색체 수를 지칭하고 있으며, 인간의 게놈은 23쌍의 염색체를 포함하고 있다. 유전과 염색체 변이의 개념과 더불어 자연적 분류는 변화하고, 일반적 계통발생학을 표현해 주는 것이 된다. 결과적으로 계통발생학이 진화중에 있는 종의 발전을 게놈이나 유전자 저장과 더불어 서술한다면, 우리는 종을 대립시키고 대조하는 것을 더 명확하게 할 수 있다. 예를 들어 이와 같은 염색체의 놀라운 유사성은 우리 인간과 침팬지간에 잘 나타나고 있다. 인간과 침팬지의 유전자에 의해 유전 정보를 지닌 열두 가지의 단백질 아미노산을 배열해 비교한 것은, 연구된 2천6백33개의 아미노산 중에 19개만이 다르다는 것을 보여 주었다.

이전에 체계화된 것과 관련하여 지니고 있는 장점은, 잘 알려지지 않은 영역을 밝혀 주고 있다는 것이다. 어떤 종은 그 둘간의 중간에 있기 때문에 분류할 수 없게 된다. 동식물의 범주간에 있는 어떤 경계는 오히려 모호함, 그렇지 않으면 분명하지 않은 것으로 표시될 것이다. 예를 들어 타조는 조류과에 속한다. 그것은 물론 타조가 조류의 모든 특성(날개, 깃털, 알을 산란하는 것 등)을 가지고 있는 데에 기인하지만, 그럼에도 불구하고 다른 새와 같이 날지를 못한다. 모든 분류의 근본적 기준이 된다고 하는 **확실한 유사성**은 그러므로 개별 종과 개별 강의 진보를 증명해 주는 연속적 계보의 관찰 속에서 설명할 수 있는 것을 찾아야만 한다.

그러므로 역사적으로 자연적 분류는, 단지 형태론적 기준에 근거를 둔 초기 단계에서부터, 유전적이고 변형적인 생각에 다다르기 전의 해부-생리학적 단계에서 발전하게 된다. 그로부터 체계학은 자신이 도달해야 할 지점을 알게 될 것이다. 그렇게 개정된 범주는 개별 종 내부에 있는 안정성만큼이나 개체들과 변종간에 있는 상호 작용의 역동성을 중시하면서, 개념적 범주 내에서 살아 있는 것에 대한 다양성을 증명해 보이려 한다. 예를 들어 2개의 다른 종의 개체에 관계될 때, 지질학적 시대를 따라서 진행된 기나긴 공동 각색의 역사적 산물이라는 상관성이 있다. 꽃은 번식하기 위해 벌을 이용하고, 벌은 영양을 취하기 위해 꽃을 이용하고 있다. 이와 같은 역동적 상관성은 너무 강해서 어느 하나는 다른 것이 없이는 계속해서 생존해 나갈 수 없다. 그리하여 두 종간의 단절은 분류의 역사적 필요성을 요청하는 데 따른 단순한 기준점에 지나지 않는 것이다.

두 가지 주목할 사항이 여기에서 부과된다. 첫번째는 논리적 배열이다. 모든 분류는 불확실한 연구에 종속되어 있다. 그런 분류는 더 이상은 '자연적 배열'을 갈망하는 체계가 될 수 없다. 두번째 주목할 사항은 모순된 것인데, 우리가 존재 안에서 유사성과 변형 계통을 더 잘 포착하게 된다면, 그와 같은 '자연적 배열'은 잘 남아 있게 될 것이다. 종의 개념과 살아 있는 것들의 범주는 그 어느 때보다 잘 입증될 것이다. 진실로 오늘날에 '배열'이란 것이 있다면, 그 원리는 돌연변이에 의한 다른 특성의 변형에서 만큼이나 유전적 특성의 항속성에 고스란히 남아 있게 될 것이다.

크고 작은 진화: 모순들

다윈에 의해 《종의 기원》(1859)에서 말해지고 있는 기본 개념들, 즉 살아 있는 세계의 한가운데에 있는 가변성의 존재, 그들 실체를 얻어내기 위한 개체들간의 투쟁, 새로운 삶의 조건에의 적용, 가장 강력한 개체들의 우선적인 존속, 마지막으로 변이의 형질 유전 등을 생각해 보자. 다윈은 〈원래 형태로부터 끝없이 멀어지려는 변종의 흐름에 대해서〉라는 논문에서, 1년 전에 진척시켰던 문구를 요약하고 있다. "개별 개체는 자신의 실체를 얻기 위해 견뎌야만 하고, 각각의 극히 적은, 습관적 혹은 본능적 구조의 변이는 그와 같은 개체를 새로운 조건에 더 잘 맞추면서, 그 개체의 엄격함이나 건강 상태를 증가시킨다는 투쟁에서부터 생각할 수 있는가? 투쟁하는 데 있어서 개별 개체는 생존하기에 가장 좋은 기회를 잡아야만 하고, 간단한 변이로부터 상속받은 계통의 것들은 마찬가지로 최고의 기회를 잡는다."

이런 면에서 다윈은 그의 전승자인 라마르크(1744-1829)와 대립하게 되는데, 라마르크에 의하면 유기체에 도달하려는 변형 과정은 '상황의 영향' 하에서 발생하게 되고, '어떤 기관의 가장 빈번하고 두드러진 사용'을 통해서만 설명된다. 고전적인 예가 있는데, 기린의 긴 목이 그런 경우에 해당된다. 라마르크는 기린의 목에서 형태학에 대해 생활 습관이 주는 영향을 살펴보았다. 다시 말해서, 메마른 환경에서 기린이 해야 할 일은 점점 더 높은 곳에 있는 나뭇잎을 뜯어먹는 것이다. 다윈은 가장 잘 적응된 개체들의 존속 비율만을 보았다. "자연 속에서 태어난 기린에게서와 마찬가지로, 가장 잘 양육된 기린과 다른 것들보다 하나 혹은 둘 이상 더 높은 곳의 잎을 뜯어먹을 수 있는 기린은 가끔은 기근 시대에 보호될 수 있었다."

그렇기는 하지만, 다윈의 이론에는 유전의 법칙에 대조된다는 것이 결핍되어 있다. 요한(그레고어라 일컬어지기도 한다) 멘델(1822-1884)의 작업 내용을 발견하면서, T. H. 모건이 '염색체 이론'(《진화 이론에 대한 비판》, 1916)을 발전시켰을 때 행해진 것인데, 그 중의 어떤 것은 다윈의 가설에 의문을 제기하고 있다. 그 이후에(《유전자 이론》, 1926), 그는 자연 도태의 창조적 측면을 전면 부인하기까지 했다. 그리고 나서 R. 피셔(《자연 도태의 유전 이론》, 1930)는 다윈의 가설과는 반대로, 자손들은 그들 부모의 유전형질의 전체가 아니라 부분만을 받는다는 사실을 보여 주었다. 또한 J. 헉슬리(《진화, 현대적 집대성》, 1942)와 특히 T. 도브잔스키(《유전학과 종의 기원》, 1937)는 개체군들에 가져다 준 우월성이 다른 유전자를 지닌 개체들 가운데 있다는 사실을 통해 명백히 강조하면서, 진화 이론을 상당히 변화시키고 있다.

그들은 새로운 '진화의 통합 이론'이라는 가설을 세우게 된다. G. G. 심프슨(《진화의 주요 특징》, 1953)은 이 이론에다 다음과 같은 세 가지 진화 단계를 구분하면서 자기 나름대로의 고생물학적 논거를 제시해 주고 있다. 작은 진화 혹은 개별 종 내부에서의 진화, 간헐적 군(群)의 새로운 출현과 다양성의 요소가 되는 커다란 진화, 그리고 배열이나 강(綱)과 같이 계통학의 상급 범주의 기원에 속하는 거대 진화 등이 그것이다.

'적절하고 낮은 비율'에서 진화하는 상당수의 개체군과는 달리, 진화의 일반적 리듬에 관심 있어 하는 심프슨은 '점진적이고 세분화된 진화에 대한 최고 조건'을 제시해 주는 평균 크기의 개체군들과 '가장 빠른 진화를 할 수 있는' 작은 개체군들이 있다고 생각한다. 종의 진화는 **독특하고 점진적인** 과정에서 유래된다. 바로 이런 이유로 심프슨의 해석은 소위 말하는 '점진주의적'인 것이라 말해진다.

마지막으로 1972년에 두 명의 고생물학자 N. 엘드레지와 S. J. 굴드는 **불규칙적 조화 이론**을 제의했는데, 그 이론은 종의 출현이 주기 안의 조화로움을 매번 파괴하는 보기 드문 사건이라고 주장한다. 자연적 진화는 그러므로 기나긴 안정된 기간을 통해서 교체되며, 짧은 돌연변이 과정에 의해 가속화된 리듬에서 파괴된 것이다. 이런 의미에서 거대 진화는 전체적으로 작은 진화와는 구분되어야만 하고, 그들간에는 전혀 일치점이 없다. 이와 같은 궁극적 가설은 틀림없이 마지막은 아니다. 그 가설은 역사에서 종들의 명백한 안정성과, 이와 똑같은 종들의 진화간에 있는 조화를 설정하는 데 있어서 계속되는 어려움을 증거해 주고 있다. 그것은 마치 기나긴 지속 기간, 게다가 짧은 기간에서의 유동성의 명백함이 극단적인 경우에서는 '실체'만큼이나 '과학적 사고의 범주,' 그렇지 않으면 우리의 **본성에 대한 의지**일 수 있는 정렬을 하려는 인간의 필연적 의지에 반해서는 전혀 할 수 없는 것이다.

4

포함하는 것, 배제하는 것

범주화와 일상적인 현상

그러므로 우리는, 사고의 역사는 세계에 의미를 부여하기 위해 사물·존재·현상을 분류하려는 완만하고 인내심을 요하는 고집의 역사라고 주장하고자 한다. 이런 분류는 조금씩 살아 있는 것과 생물들, 생물학적 유형의 배열이 되었다. 하지만 그런 분류가 과학적인 취향만을 가진 것은 아니다. 그것은 자연에서 인간이란 존재에게 자리를 배당하려는 역사적 관심사를 반영한 것이기도 하다. 이와 같은 관심사는 전적으로 과학적이지만은 않다. 반대로 인생의 첫해부터 우리는 사물들간의 마찰, 즉 분류에 의해서 이루어진 것이라는 것을 보았으며, 그러한 분류를 통해서 어린아이는 자신에게 세계에 대한 설명을 제공해 주는 '범주,' 즉 사고의 범주를 구축한다는 것을 보았다. 그런 방법으로 장소와 시간 속에 위치시키려는 데 협력할 것을 지칭하는 모든 것을 고정시키는데, 그것은 서랍·정돈·분류가 있다. 이와 같이 인간에게 필요한 것은 단순 소박하면서도 일상적이다. 과학적 분류는 어떤 면에서는 우리가 모든 고락을 공유하려는 일상적 범주화에 대한 활동의 반향이다. '분류의 환각 상태'에 빠지는 일이 항상 있다——그런 증거가 사전에 있다. "**범주**(1564; 후기 라틴어 categoria, 그리스어 katêgoria). 1) **철학**. 우리가 한 주제에 대해 부여할 수 있는 특성인데, 예를 들면 술어가 그러한 경우에 해당된다. **아리스토텔레스의 열 가지 범주**. 실제·수량·특질·관계·장소·시간·상황·가지다·행동하다·괴로움을 겪다(받다)——전문적인 용어로 칸트에게는 오성의 기본 개념이다. **범주의 네 가지 커다란 부류**. 양태·특성·수량·관계. 2) **언어학**. 의미적이고 문법적인 기준에 따라서 부류 내부에다 어휘 요소를 위치시킨다. **논리적이고 문법적인 범주**(동사·명사·성·수). 3) **일상적인 것**. 부류 안에 똑같은 속성을 지닌 대상들을 정렬한다. 종·친족·유형·그룹·배열·종별 등이 그 예이다. **여러 범주로 책을 정렬한다**(분류하다·획정하다·분할하다·분리하다)——전문적 용어로는 **첫번째·두번째 범주의 어류 부위**. 4) 공통된 특성을 지닌 사람들의 총체(부류를 볼 것). 똑같은 사회적 범주를 나타내고 있는 **사회의 범주. 사회 직능별 범주**. 종·속성·종족·종류를 볼 것."(《르 프티 로베르》 사전)

점진적인 의미적 변화가 여기에서는 교훈적이라 할 수 있다. 우리는 아리스토텔레스식의, 혹은 문법적인 부류 개념으로부터 사물들의 부류까지, 그리고 나서는 어휘와 분류가 '분명한' 방법으로 일치하는 영역을 설명하는 데까지 지나간다. 예를 들어 정육점·특성·종·종족 등이 있다. 실행되고 있는 것은 **일상적 의미**가 계속해서 만들어 나가는 전술상의 모든 분류를 실행하게 하는 어떤 '속성의 사고'의 모호함에다 매순간 지칭하는 것이다.

우리가 다른 것을 만든다거나, 우리가 만남이나 사랑을 하게 되는 것, 그리고 경우에 따라서는 확실한 것으로서 우리가 제의하는 것은 이런 범주에서 생각하는 것이다. 왜냐하면 개개인은 그리스 단어 kategorein이 지니고 있는 어원에 합당하게 '제멋대로 행동하기'를 원하기 때문이다. 다시 말해 이 단어는 행동의 주체들에 대한 선과 악의 결과로 행동을 **판단**하고, 그것들에 변별된 특성을 부여하는 것이다. 그리하여 우리는 '범죄인'들의 관점에서 '정직한 사람들'을 명명하거나, 어떤 사람들은 과학적인 '참'을 그렇지 않은 것과 관련지어 규정하려 한다. 이 모든 것은 **서열**의 결과로 '종'·'유형'이 있다는 것을 필요한 만큼이나 또한 분명하게 **공통의 의견**을 구성하도록 한다.

범주화의 놀이

모든 범주화의 근본적인 놀이는 대립하기 위해 대조시키고, 대조시킬 수 있게 하기 위해 대립을 시키며, 그런 식으로 계층화된 범주의 '안전'을 구축하는 것이다. 거기에는 지식, 다시 말해서 일상적으로 우리에게 다른 것을 추론하고 판단하도록 해주는 사고의 '범주'를 실제로 구성하도록 하는 도식이 있다. 아리스토텔레스는 이같은 '형식'을 그의 《토피카》에서 **더 나은** 현장, 즉 다른 것에 대해 어떤 것의 우월성을 보여 주기 위해 사용하기 편리한 논항 도식을 잘 묘사하고 있다. 아리스토텔레스는 세 가지 관계 형태를 통해 다음과 같이 보여 주고 있다.(《토피카》, III, 1, 116a, 1-2)

1) 두 용어간의 단순한 선호 관계. 'A는 B보다 더 좋아한다.' 예

를 들어 "좋은 것(A)은 나쁜 것(B)보다 바람직하다."

 2) 4개의 용어를 표현하는 유추 관계. 'C가 D에 있다는 것은 A가 B에 있다는 것이다.' 예를 들어 "추위가 얼음에 속한다는 것은 열이 불에 속해 있다는 것이다."

 3) '비교의' 관계. 'C가 D를 능가하는 것보다 더 A는 B를 능가한다.' 예를 들어 "선함이란 것은 정직함이 부도덕을 능가하는 것 이상 악함을 능가한다."

이와 같이 어떤 경우에도 쓸 수 있는 형식은 홀로 그 기능을 수행하지 않는다. 공통의 의견 속에서 유통되고 있는 수많은 원리가 있는데, 그것은 '너무 많은 위험을 드러내지 않고' 상황과 사건을 모든 사람들과 일치하여 판단하게 한다. 예를 들어 그 수많은 원리들에 의하면, 공통된 의견에 이르려는 방법은 그다지 중요하지 않다. 고려할 것은 그것에서 유래되는 '결말 상태, 만족할 만한 결말'인 것이다. 기력이 좋기 위해서는 치유를 바라게 되지만, '건강한 상태에 있는 것'은 치유된 것 이상을 생각하게 한다. 왜냐하면 치유된다는 것은 확실히 '기력이 좋다'는 것을 의미하지 않는 아팠다는 것을 의미하기 때문이다. 그러므로 우리는 기력이 좋기 위해서만 치유를 바라게 된다. '목적'이 그들간에 있는 것과 같이 '방법'도 그 방법간에 있다. 마찬가지로 부유함이란 마침내는 그 부유함에 접근하게 해줬던 성공의 방법 이상을 생각하게 한다. 치유가 건강에 있다는 것은 성공이 부유함에 있다는 것을 같은 식으로 말할 수 있게 해준다. 왜냐하면 그 둘은 최고의 결과로 이끌어 주는 방법이고 단계이기 때문이다. 그러므로 우리는 사물과 상황간에 있는 **유추**의 놀이에 직면하게 되며, 유추를 하기 위해서 상황·방법·목적간에, 결과적으로는 '사물의 속성'간에 항상 계층 구성이 있게 마련이다. 이 모든 것은 바라고 있는 목적에 따라서 비교나 선호에 의해 기능한다. '만약에 C가 D에 속한다면 A는 B에 속하고, A가 B보다 우위에 있거나 바람직하다면 C는 또한 D보다 우위에 있거나 바람직하게 된다.' 이전 경우를 다시 생각한다면, 하나의 형식이 다음과 같이 주어진다. "부유함이 성공하는 것에 속하는 것과 같이 건강이 치유된 것에 속하는 것이라면, 그리고 기력이 좋다는 것이 치유된 것보다 더 낫다고 보아진다면, 부유하다는 것은 마찬가지로 단순히 성공한 것보다 더 나은 가치를 갖게 된다."

범주화와 담화

일상의 담화가 항상 그런 식으로 작용한다는 것은, 절대적 형태이지만 평범한 형태인 '정렬'로 나타나도록 하기 위해 사물이나 생물체에 적용된 범주화의 놀이를 말한다. 그것은 모든 내용을 이루고 있으며, 그것이 우리에게 합당해 보일 때 영역·상황·생물체간에 있는 **경계**를 설정하려는 단순히 두려운 과정이다. 물론 이와 같은 생물체나 사물에 대한 정렬을 정당화시켜야만 한다. 우리는 그런 정렬을 어떤 때는 그것에 공통된 특성이나 자질이란 이름으로 정당화하고, 어떤 경우는 그런 정렬을 재통합하는 상황이란 구실로 정당화시키고 있다. 특히 이와 같은 정렬에 대한 토대를 마련해야 하는데, 그것은 다시 말해서 매번 어떤 내용, 범주 **외부**에 있는 것과 비교한 범주의 어떤 **내부**를 정당화시켜야만 하고, 그 범주를 없애려 하고, 우리가 범주에 부여하려 하는 경계를 정당화시켜야만 한다.

'생물체와 세계의 유형'을 조직하려는 우리의 유일한 방법, 사물이 존재한다거나 적어도 우리가 그것에 대해 믿고 있는 방법들이 있는데, 그것은 바로 언어이다. 그 언어만이 단어를 통해서 타인이나 경험·실체에 대해 우리들이 범주화하는 것을 허용해 주고 있다. 게다가 언어는 어떤 면에서는 셀 수 없거나 수량의 형태로, 그리고 어떤 면에서는 추상적 원리나 가지각색의 으뜸되는 생각, 개별 범주의 원인이나 '중심'에 있는 **개념**에 의거해서, 그와 같은 범주의 존재를 정당화시켜 줄 용례를 발견하게 해주고, 우리가 날마다 그런 것들을 설명하기에 충분히 **안정되어 있는** 용례를 발견하게 해준다. 예를 들어 우리는 좋음과 나쁨의 개념들, 건강과 치유의 개념들을 보았다. 그런 사실에서 '좋은 예'를 항상 선별하고, 매번 어떤 세계와 사회의 단절을 포함하고, 구축하면서 결정된 해석에 의존하고 있는 다른 견해를 사고나 원리에 결정하려는 것, 즉 뿌리내리고 기재하려는 것을 무릅쓰고, 그런 예들을 **구분하기 위해 그 예를 판별해 낼 줄 아는** 담화를 가질 필요성이 있게 된다.

"왜냐하면 믿음에 대한 자유는 인간과 시민법의 선언문에 표현된 프랑스 국민들의 자유에 관한 근본적 요소 중 하나란 것이 정확하기 때문이다. '어떤 것도 그들의 의사 표현이 법의 테두리 안에서 대중의 안정을 깨뜨리지 않기만 한다면, 종교적인 것에 대해 어떤 견해를 내는지에 대해 불안해하지 말아야 한다.' ……그로부터 이단 종교가 종파나 종교를 이루는지를 알려고 하는 질문은 헛

되기 때문에 믿음의 자유는 절대적이다. 종교란 것이 심지어 축소된 공동체의 존재인 객관적 요소와 공통된 신앙의 주관적 요소, 그 두 요소의 일치에 의해서 정의될 수 있는 한은 이단 종교는 종교란 지위를 요청할 수 있다."(1997년 7월 28일의 리옹 상고법원 판결문에서 발췌, 《르몽드》, 1997년 7월 30일)

교회와 정부의 분리법에서 1905년 이래로 따르고 있는 프랑스 재판권을 보는 것은 놀라운 일이며("공화국은 어떤 성직자도 인정하지 않고, 임금을 지불하거나 보조금을 통해 지원하지 않는다"), 우리가 방금 보았던 것처럼 종교 개념에 대한 정의를 산출해 내기 시작한다.

결과적으로 "정교 분리 국가인 프랑스는 종파나 종교의 개념에 어떠한 법률적인 정의도 부여하지 않았다……. 모든 법률적인 장치가 없기 때문에 내무부나 종교부서는 예배의 실천을 '극단적인 목표'로 취하며, 수많은 기준을 만족시키는 단체에다 '문화적 단체'와 같은 지위를 단순히 승인할 수 있다. 그리하여 프랑스 정부는 이런 지위를 이슬람교와 불교에도 승인해 주었다. 반면에 정부는 이단 교회에 그런 지위를 부여하는 것을 거부하였다."(《르몽드》, 1997년 7월 30일)

행정에 속하고, 그것에 속하지 않는 것을 정의해 주는 분명해 보이는 것이 있다. '종교'의 개념은 프랑스 법에는 존재하지 않지만, '문화 단체'에는 존재한다. 이와 같은 경우가 효력 있는 것은, 표현과 개념에 대한 사회의 전체 작업이 서로 대결하고 있는 범주의 **경계**에 대해 이전에 거론되었던 방식을 요구한다는 것을 보여 준다는 것이다. (여기에서는 이와 같은 예배의 실천에만 전적으로 몰두하는 모든 단체를 '종교'로서 인정할 수 있다.)

물론 이런 것은 자신이나 타인·세계에 대해 항상 새로워진 이미지를 신봉하는(믿음) 대가로서만 기능할 수 있다. 게다가 이것은 우리가 경계에서 안정성을 확보할 수 있지만, 항상 틀림없이 편리함이나 계략의 이름으로 확보할 수 있는 **의미의 공간**에 종속되어 있는 것이다. 단어간에 있는 이미지의 관계를 항상 이용하고, 완전히 지칭하면서 보여 주려고 해야 하며, 그런 이미지를 해체하고 재구성하기 위해 세상을 그려내야만 하기 때문에 **한계**에 대한 것은 귀찮은 작업이다. 지시나 암시·범주화간에 있는, 즉 **인접해** 있다고 할 수 있는 우리의 자유스런 모든 놀이를 허용해 주고 있는 **말장난**에는 언어의 풍요에 대한 증거 과정이라 할 수 있는, 스스로의 범주화·신분·민족적 성격·문화가 타자라는 구실로 존재하고 있다.

'타자'와 '민족명'

민족이나 민족명이란 용어는 앵글로색슨적인 상황보다는 프랑스 사회에서 더 낯선 용어이다. 그럼에도 불구하고 민족이란 단어는, 그리스어 ethnos에서 유래된 프랑스 말의 신조어이다. ethnos는 원래 고대 그리스어에서는 '국민'·'종족,' 인간이나 동물의 '무리,' 혹은 '외국인'·'야만인'을 동시에 의미하는 개념 집단을 일컫는다. 중세의 《성서》 해석에서 ethnos는 라틴어로는 '이교도인들'·'우상숭배자들'을 지칭하는 ethnicus로 번역되었다. 그 용어는 또한 외국인들에게는 동질성을 지닌 인간 집단을 지칭하는 데 사용된다. 그것은 로잔 대학 교수인 A. C. 샤반이 그 용어를 통해 1787년에 '공동체의 다양한 형체'의 연구를 의미하는 **민족학**이란 용어를, 그리고 이 새로운 단어가 ethnos에서 유래되고, '국가'란 의미에서 사용된다는 것을 덧붙여 제의하지 않았다면 이 단어의 원래 용도에만 한정되었을 것이다. 1791년에 독일에서 《인종그림잡지 갤러리》라는 저서가 출간되고, 얼마 후인 1808년에 《인종학과 언어학에 대한 자료실》이 출간된다. 1830년에 앙페르는 '민속학'이란 단어를 민족의 개념을 포함하고 있는 분야로서 과학의 분류에 집어넣게 된다.

하지만 그곳에는 적어도 개성이 있으며, 프랑스 사람인 조르주 바셰 드 라푸주를 1909년까지 터무니없는 명성에 도달하게 하며, 그 이후로는 망각 속에 사라지게 한 《사회적 도태》란 책이 1896년에 발간되기 전까지는 산만한 것들의 출현만이 있게 된다. 바셰 드 라푸주는 잃어버린 사고의 폐허 속에서 사라져 버린 인종주의자의 모습만을 간직하고 있다. 그 뒤로 그는 인종주의자들의 말과 생각을 스며들게 하는 수많은 사고를 간결히 표현하고 있다는 사실을 망각한다. 논쟁은 이제 '민족'이나 '종족'이란 다른 개념으로 가장하여 다시 활기를 띠게 된다.

우선 그에 대한 신상을 살펴보자. 1854년에 태어나 1936년에 죽은 바셰 드 라푸주는 푸아티에에서 법학과 의학을 전공하고, 파리에서는 생물학과 인류학을 공부하면서 지능지수가 아주 높은 학생으로 평가받았다. 1879년에 법학박사가 된 그는 지방의 여러 도시에서 검사 생활을 하였고, 그곳에서 아주 일찍 절대 타협을 하지 않는 단호한 자신의 성격을 알게 된다. 법학 교수 자격을 갖춘 그는 교수직을 얻지 못하고, 1886년부터 1922년까지 몽펠리에와 푸아티에에서 담당하게 될 도서관 사서관 시험을 치른다. 몽펠리에서 있던 기간(1886-1893)은 그의 경력에서 가장 활동적이었다. 그곳에서 그는 정치에, 그리고 좌파주의에, 심지어는 마르크시즘에 투신하게 된다. 그는 사립대학에서 사회인류학 강의를 하고, 인류학의 능력을 배가시키면서 엄청나게 많은 책을 출판한다.

그는 누구란 말인가? 먼저 우생학의 창시자이며, 1911년에 죽은 프랜시스 골턴의 제자이자 파리 인류학협회의 발기인이며, 최면술에 대한 실천가이자 이론가인 폴 브로카(1824-1880)의 제자이다. (카롤, 1995) 동시에 그에게는 친구이자 조언자로 그의 '정치과학'에 대한 첫번째 연구를 도와 준 제네바의 위대한 식물학자 캉돌(1778-1841)이 있다. 확실히 다윈과 골턴은 동물이나 식물계에서는 자연 도태가 있다는 사실을 주장했지만, 인간의 경우에는 그들 종이 약한 사람이나 불행한 사람을 적어도 부분적으로는 보호할 줄 아는 사회적 기능을 발전시킨다는 것을 알고 있는 한 신중해야 할 필요가 있다고 주장했다. 그렇다고 해도 브로카는 여전히 1872년에 다윈의 《인간의 유래》에 대한 서평에서 개인적 해설을 덧붙이며 다음과 같이 밝히고 있다. "한 사회는 보통 자연 도태의 야만적 효과를 점점 더 완화하도록 해주고, 다른 한편으로 그 사회는 증가하는 힘으로 생존 경쟁에서 인간이란 과(科)에 적당한 도태 과정을 개입시킨다……. 그것은 자연 도태를 다른 도태로 대치하는데, 다른 도태는 종종 거의 사라진, 혹은 감소된 역할 외의 어떤 역할도 하지 않고, 사회적 도태란 이름을 부여받고 있다."

이와 같은 브로카의 입장은 바세 드 라푸주에게는 **선별주의** 학설의 출발점을 이루게 하는데, 그것은 "(사회적 선별) 결과가 두개(頭蓋)지수의 변이 속에서 숫자로 나타난다"라는 것을 발견하게 할 때까지 이루어지고 있다. 라푸주는 정착민과 유목민, 농촌과 도시인, 노동자 계층과 사회의 엘리트 구성원들간의 두개골의 서로 다른 치수를 연구하기 위해, '민족명의 분석'에 기본 도구가 될 '외경 캘리퍼스'를 가지고 시골로 떠난다. 그의 이런 야심찬 기획에는 그 혼자 참가했지만, 1898년에 바드 지역의 인류학자 오토 아몽이 그와 합류하면서 인종결정론으로 무장된 형태인 사회인류학의 발전을 위해 지원하게 된다.

  먼저 바세 드 라푸주의 가설을 살펴보자.

  1) 유전적 특성은 교육이나 문화보다 더 눈에 띄는 역할을 한다.

  2) 자연 도태는 점진적으로 인류의 기술적이고 문화적인 발전에 견디지 못하지만, 계속해서 기후의 영향과 음식물 식이요법의 영향에 의해서 자연 도태의 결과를 생산해 낸다. 라푸주가 생각하는 바로는, 개인은 여기저기서 새로운 환경에 적응할 수 있는 존재가 아니고, 정책이나 이민에 따른 결과를 갖고 있는 존재이다. 그는 알제리에서는 단지 남프랑스인 · 스페인인 · 이탈리아인 · 몰타인, 다시 말해 카빌인에 가까운 혼혈아가 적응한다는 사실을 예로 들고 있지만, 그런 실험이 실패할 거라고 예측한다.

  3) 여전히 강력한 자연 도태는 성의 도태이다.

  4) 라푸주는 그로부터 종족의 이종 교배는 유아 사망률에 의한 잡종들의 인구통계학적 도태를 초래하는 수많은 혼동의 원천이 된다는 사실을 추론해 낸다. 그는 오늘날의 추세가 세계적으로 가속화

하고 있는 이종 교배의 경향을 나타내기 때문에, 우리는 전체 인구가 사라져 가는 것을 지켜봐야 할 위험이 있다고 덧붙인다.

5) 그는 유럽의 종족이 세 가지 변수, 즉 키·두개지수 및 피부·눈 그리고 머리 색깔에 따라서 묘사될 수 있다고 주장한다. 색깔에 대한 통계를 무시하는 그는 두개지수를 사용하는 것을 선호한다. 두개골의 지수나 두개지수는 두개골과 머리의 최대 너비로부터 최대 길이까지의 1백분의 1 비율이며, 이 두 개의 지수는 서로 다르다. 이 지수는 81치수까지는 소위 말하는 긴 장-중두형의 인구를 지칭하고, 81치수 이상은 단두형의 사람을 지칭한다. 라푸주는 두 가지 형태를 정의한다. 키가 크고, 두개골이 길며, 파란 눈에 금발이고, 활동적이며 문명인인 **호모 에우로파에우스**와, 그보다 작고, 짙은 눈과 머리카락을 가진 단두형의 사람, 별로 적극적이지 않고, 보수적인 생각을 갖고 있는 **호모 알피누스**를 정의하고 있다. 첫번째인 **호모 에우로파에우스**는 스칸디나비아나 발트 해와 같이 북쪽 지방에 있으며, 두번째인 호모 알피누스는 알프스나 스페인의 산맥들과 같은 곳에 분포해 있다. 라푸주는 두개골이 긴 사람을 **아리아인**이라 부르고, 그들이 수메르와 이집트 문명 이래로 문명의 형성 과정에 있어서 중요한 역할을 했다는 사실을 말하고 있다.

6) 그에 의하면, 문명의 발전과 더불어서 사회적 도태의 역할은 결정적이게 된다. ① 가장 건장한 개인들을 제거하는 전쟁에 의한 도태. ② 정치적 도태. 민주주의는 귀족과 유능한 사람들을 무너뜨린다. ③ 신부들에게 독신 생활을 강요하는 가톨릭교는 파멸을 초래하고, 반면에 유대교 가족은 생산적이기 때문에 종교적 도태가 있게 된다. ④ 법적인 도태. 그리스도교도들의 법적 금지는 위선적

인 일부일처제를 강요했다. ⑤ 경제적인 도태. 라푸주는 지식인들을 파괴하는 자본가와 사색가, 확산되고 있는 관료주의, 사회적 신분 상승으로 최고의 생활 환경을 해결하려는 노동자, 극히 적은 재생산 비율을 갖고 있는 지적인 여성, 마지막으로 너무 호기심 많은 **호모 에우로파에우스**에 인접해 있는 이주민에 격노한다. 반면에 **호모 알피누스**는 소심하고, 집안에 틀어박혀 있는 것을 좋아하는 이주민이며, 사람들을 그다지 되풀이하며 삶을 살지 않는 도시로 가게 한다.

인류사회학에서 인종주의까지

이와 같은 가정으로부터 라푸주는 그의 **인류사회학**에 대한 기본적인 법칙을 구성한다.

1) **호모 에우로파에우스**를 통해서는 북쪽 평야 지대를, 호모 알피누스를 통해서는 산을 점령하는 것을 보여 주는 **고도의 법칙**.

2) 두개(頭蓋)지수의 항속적이고 보편적인 증가를 나타내 주고 있는 **시대의 법칙**. 처음에는 단두(短頭) 인간이 없었다. 이런 지수율은 갈수록 증가하는 경향을 나타낸다. 라푸주는 역사 속의 프랑스인은 소멸했고, 대신 그 자리에서 다른 정신 체계를 가지고 있는 새로운 민족을 보게 된다고 말한다. 역사에서 처음으로 단두 인간이 자율적으로 존재하게 된다. 이와 같은 흥미 있는 실험이 프랑스의 최종적인 흐름에 의해 끝나게 될지, 혹은 그런 실험이 다가올 사회를 형성해 줄지는 미래만이 알려 줄 것이다.

3) **부의 배분 법칙**. 부란 것은 반대로 두개지수에 비례하여 증가한다. 라푸주는 프랑스에서 지방과 도를 통해 열여덟 가지의 세금을 통계적으로 평가했는데, 장두인(長頭人)이 분명히 최고로 풍요로웠다고 한다.

4) **도시의 배분 법칙**. 중요한 도시들은 장두인이 거주하는 지역에 위치한다.

5) **도시지수의 법칙**. 도시 인구의 두개지수는 농촌 인구의 두개지수보다 낮다.

6) **이주의 법칙**. 이주하고 있는 인구에서, 가장 적은 단두 요소를 지닌 인간이 이주한다.

7) **포르마리아주의 법칙**. 다른 지역의 부모로부터 태어난 개개인의 두개지수는 원지방의 평균치에 미치지 못한다.

이제 이런 사실로부터 바셰 드 라푸주의 '예측'이나, 혹은 미래에 그의 마음을 사로잡을 가설로 가보자.

1) 아리아인의 미래. 아리아인은 최고의 재능을 타고났지만, 장애 요소가 있다. 그들을 대표하는 표본은 단두인의 급속한 번식 때문에 그리스나 이탈리아·스페인 등지에서는 오히려 희소해졌다.

2) 유대인 문제. 아리아인 이후로 선민(選民)이 된 유대인은 3천년 이래로 '성의 감금 상태'를 통해 스스로 선별되었다. 그것은 초기에 종족이 아니라 종족만큼이나 생물학적으로 안정된 '민족'이었다. 그 증거로 잘 선별된 율법박사의 혈통에서 출생한 사람들은 최고의 지식인이 되며, 유럽의 몰락을 늦추는 효과를 가져다 주었지만, 어쨌든간에 유대인 운동은 전혀 장래성이 없다. 유대 국가를 재구성하려는 것은 '야심에 찬 이스라엘을 위한 천박한' 목표에 불

과하다. 결과적으로 유대인들은 극동의 민족들보다 더욱 위험하고, 그렇지만 천재성을 부여받았으며 번식력이 강하다고 라푸주는 나름대로 평가하고 있다.

3) 극동의 민족들은 뒤늦게 위협적인 요소를 갖게 된다. '5프랑의 노동자를 5센트의 노동자로 바꾸려는 투쟁'은 서양이 '외국 노동자들로 넘친다'는 사실로 귀착된다.

4) 유럽 국가들의 역할은 이제 끝났다. 세계의 패권 다툼은 '다음 세기에 공포를 만들게 할' 거대 국가들간에 벌어지게 된다. 미국과 러시아가 대표적인 경우인데, 이유는 그들 국가들의 거대한 영토와 부가 엄청난 인구 증가와 더불어서 우월감을 갖게 해주기 때문이다. 그는 우리가 미국이 승리하게 될 때는 자유스럽지만, 러시아가 승리할 경우는 자유스럽지 못할 최후의 충격이 있을 것이라고 말한다.

5) 라푸주에게 있어서 사회적 도태에 대한 학설은 절대적 염세주의에 이르게 한다. 왜냐하면 어떤 복귀도 자연 도태에서는 더 이상 가능하지 않기 때문이다.

6) 그가 생각하는 유일한 해결책은 체계적인 도태, 다시 말해서 《사회 도태》(1887)란 저서의 15장 전체를 할애하고 있는 우생학이 될 것이다. 이론적으로 어떤 사람이든 개종이 가능하지만, 더 좋은 자리에 있는 **에우로파에우스**에서 출발하는 것이 더 낫다. 유대인들에 의해 상세히 설명되고 있는 방법에 의하면, 개인들이 성적으로 고립된 군을 형성할 수 있다는 점에서 희망은 남아 있게 된다.

독일에서 나치가 최고로 번성하였을 때, 인종주의자들의 생각이 바셰 드 라푸주의 이론에서 차용해 왔다는 것은 확실치가 않다. 그럼에도 불구하고 1910년까지 소위 '과학자들' 사회에서 알려졌던 좋은 성과는, '공통된 사고'로 자리잡혀 있는 무언가를 증명해 주고 있다.

그런 것이 내게는 흥미 있는 것이고, 내가 만약에 그에 대해 오랫동안 시간을 끈다면, 그것은 오래 지속되는 사고의 **진부한 이야**기를 예고하는 것으로 간주될 수 있다. 바셰 드 라푸주와 같은 시기에 이탈리아에서 리비(1896), 스페인에서 돌로리츠(1894), 영국에서 베도(1905), 벨기에에서는 호우제(1906)가 '장대인은 도시에 집중되어 있고,' 단두인보다 '사회적으로 상류층'에 있다는 사실을 표명하기 위해 서로 만나게 된다. 1896년에 리차드 바그너의 사위인 영국인 H. S. 체임벌린(1855-1927)은 '금발의 장대인인 북유럽 사람'에 대한 인종 이론을 만들게 된다. 체임벌린은 '튜튼족'과 '튜튼족의 유전적 특성'이란 표현을 사용하며, 나치에게 친숙한 '신화론'을 전파시키는데, 그것은 '튜튼족이 인류의 특권 집단을 구성하게 될 것이고,' '라틴족은 계속해서 퇴화하는 인종에 속할 것'이라는 것 등이다.

이와 같은 상황은 계속해서 발전해 나간다. 1914년에 황제 빌헬름 2세는 아리아인의 요소를 눈에 띄게 하기 위해 독일인의 종족 목록을 작성했고, 히틀러식의 인종주의에 대한 이론가인 한스 귄터는 알프스인들을 '범죄의 저속함과 위조자들·도둑들, 그리고 변태성욕자들'(1930년 이에나 대학에서 교수인 M. 귄터가 나치를 통해 명명했었다는 것을 밝혀두겠다)이라고 규정했으며, 인간과 동물간의 신체적 차이가 북쪽 사람들과 다른 인종간에 존재하는 차이보다는 작다는 것을 발전시켰던 고슈(《민족 연구의 새로운 토대》, 1933)라는 사람도 있다. 우리는 또한 아돌프 히틀러의 저서 《나의 투쟁》이 있다는 것을 알고 있으며, 매디슨 그랜트(《위대한 종족의 죽음》, 1916)·클린턴 B. 스토다트(《미국의 종족 유산》, 1922)·로트롭 스토다트(《원시인의 위협》, 1922)와 같은 작가들이 '북구인들의 우월성'에 대한 확신을 자신들이 확장했다는 사실을 미국에서보다 잘 알지 못하고 있었다. 이 미국 작가들은 이미 개별 국가가 포함하고 있는 북유럽 사람들의 혈연 비율에 따라서 각 국가들의 계층을 조직해 나갔다. 마지막으로 1935년에서 1976년까지, 그 기간 동안에 스웨덴에서의 사회민주주의가 계속해서 힘을 행사해 갔고, 6만 명 이상의 사람들, 여성들 대부분이 아주 합법적으로 그들 의사에 반하여 불임 수술을 하게 되었다고 최근 조사가 밝히고 있다. 스웨덴 국회에 의해 1934년에 채택된 법률 대상이 되고, 1976년에 조심스럽게 폐지된 프로그램은, 사회에서는 처방하기에 너무도 희생이 뒤따르는 정신적으로 뒤떨어지고 능력 없는 사람들을 치유하게 해주었다.(《르몽드》, 1997년 8월 27일; 《쿠리에 앵테르나시오날》, 1997년 9월 4-10일)

그리하여 '종족'·'국민'·'민족' 만큼이나 모호한 개념들을 뒤섞는 이 모든 말에서 충격적인 것은, 이런 개념들이 은밀한 접착 형태를 얻어낸다는 사실인데, 그것은 다시 말해서 '상식'을 간파하고, 그곳에 오랫동안 빠져 있게 된다는 사실이다. 우리는 사람들의 비참함, 무지, 열망, 너무 부자가 되는 것을 비난하는 유대인에 대한 원한, 우리로 하여금 규칙적으로 '타인'·'외국인,' 그리고 그런 사실로부터 '하등민'·'적'을 만들어 내는 낡아빠진 기억의 '알아들을 수 없는 소리'와 같은 것의 기원 등과 같은 인종주의자들의 과정을 왜 사람들이 설명하려고 하였는지 그 분석 방법을 알고 있다. 중요한 질문이 하나 떠오른다. 어떻게 이 모든 것이 진행될 수 있는가?

우리가 라푸주의 논지를 다시 생각한다면, 어떻게 그와 같은 추론 형태가 조직될 수 있는가 하는 것이 다음과 같이 나타난다.

1) 자연 도태의 개념이 있다는 것을 허용한다면, 무엇보다도 다양한 장소나 기후에서 살고, 그리고는 다양한 음식 풍습과 식이요법을 실행하고 있다는 것을 인정해야만 하며, 특히 사회에서 살아가는 사람에 적절한 조건을 고려하고 있는 인간들에게 단지 어렵게 적용된다는 사실을 어쨌든 인정해야만 한다. 인간들은 그러므로 다르다. 그것은 오래 된 라마르크의 진화 이론으로의 복귀를 말하는 지역적인 날씨나 습관에 의해 설명되어져야 하고, 특히 성에서 유래될 수 있을 것인데, 그로부터 번식하는 생식력이 있게 되고, 수효가 줄어드는 다른 뒤처지는 번식력이 있으며, 마침내는 사라지게 된다. 그로부터 문제가 제기되는데, 그것은 다른 것과 섞이면서 우리가 소멸하게 된다는 것이다. 그로부터 **인종주의에 대한 첫번째 가설을 제기할 수 있다. 교배는 모든 단점과 결점을 구체화시킨다.**

이것은 라푸주로 하여금 첫번째 '법칙'을 끌어내게 해준다. **'순수한 사람'은 생물학적 본체가 되고, 혼합되지 않은 사람이다.**

2) 이제 다음과 같은 질문이 나오는데, 그것은 다른 종족이 있다면 분류하고 계층화할 수 있어야만 한다는 것이다. 하지만 '종'을

범주화하기 위해서는 하나의 원리를 정의해야만 한다. 가장 편리한 원리는 생식이다. '가시적인' 방법으로 안정되고 확인할 수 있는 범주가 있다면, 그럴 경우에만 보존이 있게 된다.

3) 문제는 인간이란 종이 너무나 '움직인다'는 것이다. 그러므로 측정할 수 있는 형태론적 체계를 찾아야만 한다. 그것은 너무 변하기 쉬운 사지나 얼굴은 될 수가 없다. 아마도 딱딱하고 '과학을 할 만'한 신체 측정의 통계를 제공할 수 있기 때문에 두개골이 될 것이다. 비교에 기반을 둔 격리 집단, 북과 남, 초원과 산——오래된 **대립의 원리들**——에 십분 활용되었던 통계학은, 라푸주로 하여금 그가 바랐던 것을 확인하게 해주었다. 북쪽 지방의 사람과 초원에 사는 사람이 있고, 남쪽 지방의 사람과 산에 사는 사람들이 있다. 게다가 이런 대립의 기적적인 성과는 한쪽은 길쭉한 두개골을 가졌고, 다른 한쪽은 네모진 두개골을 가지고 있다는 것이다. 일반적으로 첫번째를 **장두인**이라 부르고, 두번째를 **단두인**이라 부른다. 게다가 우리가 범주화에서 발전시켰던 것과 같이 두번째 가설(아리스토텔레스가 진술한 더 **나은 현장**에 합당한 과정)을 발전시켜야만 한다. 북쪽의 장두인은 별로 좋아보이지 않는 남쪽의 단두인보다 더 낫다고 한다. 그것에 대한 증거는 북유럽에서 가장 큰 도시와 가장 부유한 사람이 거주하는 지역을 만들어 낸 것이 장두인이기 때문이다.

4) 장두인은 그러므로 적극적이고, 이동성이 있고, 도시 주변에 사는 사람으로 정의되었다. 하지만 우리는 무엇을 관찰하는가? 그들은 다른 사람보다 번식력이 덜하고, 도시에서 교배를 하고, 한 장소에 몰려들기는 하지만, 사회에서 번식하기 시작하는 단두인이 잘

참아내는 남쪽 지방 기후를 참아내지 못한다는 사실을 관찰하게 된다. 그러므로 두번째 '법칙.' 만약에 생물학적인 것, 즉 종족이 섞이지 않은 것이라면 사회적인 것이 섞인 것이 된다. 바로 사회와 도시에서 장두인들의 불행은 비롯된다.

5) 그로부터 세 가지의 절대적 요청이 있게 된다.

첫번째 요청은 **위협적인 것을 알아내야만 한다.** 외부에서는 단두인과 아시아인들, 내부에서는 엘리트를 침입하는 유대인들, 그리고 그들간에 번식하고 있는 유대인들이 있다.

두번째 요청은 **쇠퇴를 고려해야만 한다.** 우리는 미국과 러시아 간의 최후의 충돌, 20세기의 공포를 만들고 있는 충격에 있으며, 유럽은 자신들의 역할이 끝났다는 것을 받아들여야만 하고, 잘해야 자신들을 보호하는 수준 정도일 것이다.

세번째 요청은 **변질되지 않아야만 하고, 그것을 위해서는 타인과 우리간에 있는 '경계'를 설정해야만 한다.** 외부에서는 아시아인들과 마주하고, 내부에서는 유대인들과 마주하고, 이것을 하기 위해서는 성(性)의 자기 방어군으로 구성해야 한다. 유대인들과 마찬가지로 종족과 민족의 순수성을 보존해야 하는 것이다.

몇몇 '분류상의' 원리로부터 나온 '규칙'은, 확실히 사실임직한 과학의 가치를 가진다는 것을 받아들이는 한에서는 피할 수 없는 인종주의자들의 논리이다. 게다가 자연이 번식하게 한다는 자기 고유의 규칙에 있지 않고는 '자연'에 대해서 말할 것이라고는 아무 것도 없다. 하지만 어떻게 번식하는가? 동일하지 않으면서 유사한 종류의 종(種) 내부에서 번식한다. 그것을 통해 '자연적 배열'은 근거를 마련하게 된다. 틀림없이 그 자연적 배열에 대한 상식은 항상 어떤 향수를 지니고 있는데, 이유는 사물이란 것이 '어떤 자신의 자리를' 차지해야 할 필요가 있기 때문이다. 그것은 우리가 생각하는 것처럼 **이것이 아닌 것과 이것일 수 없는 것, 게다가 이것이 되지 말아야만 하는 것**과 비교해서 **있는 것과 있어야만 하는 것** 간에 구분을 하는 것과는 다르게 되어가는 것이 아니다. 인간이란 종은 규범적 차이와 배열을 체험한다. 사물이란 '자신들의' 자리에 있고, 그렇게 되기 위해서는 그 자리에 사물을 '명명하기' 위한 '속성'을 부여해야 할 필요가 있다. 범주화의 형태하에 끊임없이 지표를 설정하려는 과정, 그것은 실제로 다른 것과 관련해서 경계를 설정하려는 것이고, 다음과 같이 영원한 질문이 되는 이중 질문, 즉 **나는 누구인가? 우리는 누구인가?**라는 질문을 규정짓기 위한 것이다.

5

나의 태도

> 나는 누구인가? 내가 어렸을 때, 사람들은 내게 영혼과 육체를 서로 대응시켰다. 이와 같이 나를 둘로 나눠서 구분하는 방법은 내게는 너무도 불쾌한 것이었다.
>
> (알베르 자카르, 《우리는 누구인가?》, 88쪽)

단절! 틀림없는 사실이지만, 그래도 우리를 통합하는 것이 항상 가능한가? 존재는 하나인가? 어떤 종교는 그 존재를 믿거나, 그 존재에 대해 스스로의 능력을 시험해 본다. 과학도 마찬가지이다.

이와 같은 통합의 욕구에 대한 현대적 출발점은 1953년에 있었던 DNA의 발견일 것이다. DNA는 디옥시리보 핵산을 지칭하는 약자이다. 그것은 신비스러운 것 같아 보이지만, 핵산의 발견은 바로 그곳에서 우리가 어떻게 해서 유전이 나타나고 기능하는지 이해하기 시작하기 때문에 중요하다.

설명을 해보도록 하자. 우리 신체를 구성하고 있는 개별 세포는 염색체를 지니고 있는 신경 핵을 포함하고 있다. 그 수는 인간에게는 항상 46개이다. 염색체는 둥글게 말린 가는 섬유 형태를 지니고 있으며, 그것들은 근본적으로 DNA로 구성되어 있다. DNA의 이중 선은 상당히 다양한 사슬로 묶여 있는 덕택에, 항상 개개인의 유전 암호(유전자)를 구성해 주는 연속된 4개의 하부 조직에 의해 형성되어 있다. 실제로 유전자는 똑같이 남성의 정자와 여성의 난자에서 생겨난다. 염색체의 기원에는 항상 모계 혈통과 또 다른 부계 혈통이 있다. 주어진 유전적 특성은 그러므로 항상 개별 염색체 짝의 각각에다 같은 위치를 차지하고 있는(유전자의 위치) 2개의 유전자에 의해 지배되었다. 이 두 유전자는 **대립 유전자**라 불린다. 이 대립 유전자 전체는 개개인의 **유전자형**, 다시 말해서 그 개인들의 유전 형질을 구성한다. 2개의 대립 유전자는 유사할 수 있으며, 같은 특성을 나타내게 할 수도 있다. 개개인은 그리하여 **동형 접합체**라 말해진다. 예를 들어 혈액형 A를 지배하는 부성 유전과, 마찬가지로 혈액형 A를 지배하는 모성 유전이 있다. 하지만 이 2개의 대립 유전자는 다를 수가 있고, 각각의 유전자는 동일한 특성과는 다른 표현을 명령할 수 있다. 예를 들어 혈액형 A를 지배하는 부성 유전과 혈액형 B를 지배하는 모성 유전이 있다. 개인은 그리하여 **이형 접합체**이다. 지구 전체를 통해서 본 극도의 유전적 다양성은 유전자의 여러 결과와 더불어 그들간에 있는 크기, 눈과 머리 색깔, 지능, 병과 같은 차이에서 유래하고 있다.

1953년의 발견은 그러므로 중요하다. 우리는 살아 있는 생물체의 발전을 조직하고 통제하는 모든 것은 DNA 덩어리인 염색체에 기재된 정보의 결과라는 것을 알게 된다. 혁명은 가히 전체적이라 할 수 있다! 그로부터 육체로서의 우리들 각자는 일종의 최초 '빅뱅' 이래로 우주를 만들었던 기나긴 흐름에서 유래한다고까지 생각할 수 있는 것이다. 다시 말해서 시간이 생긴 이래로, 수천 년을 흘러오면서 우주의 요소들 사이에서 상호 작용하는 사실의 점진적이고 계속적인 복잡한 과정을 상상할 수 있을 것이다. 매번 새로운 특성들이 돌발적으로 생겨나고, 항상 더 복잡한 연결 형태와 아직도 더 엄청난 것을 수행할 수 있다. 그리고서는 새로운 분자 DNA가 나타나는데, 그것은 서로간에 상호 작용하는 단백질을 생산하거나, '살아 있는 사람'을 만드는 복잡한 신진 대사를 조금씩 만들어 나간다. "어느 날 지구 역사에서 가장 커다란 사건이라고 부를 수 있는 것이 발생했다. 박테리아 자체를 복제하면서 재생산할 수는 없는 빗나간 2개의 박테리아는, 세번째 것을 만들기 위해 2개를 동원하거나 아주 다른 것을 재생산하는 대신에 생식하려는 약간은 낯선 과정을 창안해 내었다."(자카르, 앞의 책, 89쪽)

바로 여기에 생명의 출현을 설명하려는 놀라운 방법이 있는 것이다. 이 방법은 어떤 것도 아주 옛날부터 미리 행해지지도, 나타나지도 않았다는 것을 이해시키는 장점을 갖고 있고, 거기에는 아주 멋있는 '우연의 주사위 던지기,' 즉 생식이란 것이 재생산이 알고 있지 못하는 이런 식의 불확실성을 만들어 낸다는 것을 이해시키는 장점을 갖고 있다. 생식한다는 것은 적어도 우리가 미리 모든 것을 예견할 수 없는, 매번 예기치 않은 존재를 만들게 하는 위험성을 유포하는 것이다. 그런 식으로 수천 년을 이어 내려오면서 인간이란 존재는, 기술적인 지식과 세계에 대한 시각을 매단계마다 증가시키면서 이상한 생식 기능을 경험하게 되었다.

나는 무엇이고, 누구란 말인가? 우리는 그것을 확실히 알지 못할 것이다. 반면에 우리가 습득한 유전이란 것은 불확실한 방법으로 다른 것들과 의사 소통하게 하거나 만들게 하고, 그 결과로 집단으로 살아가게 하고, 집단을 넘어서 인간 공동체에서 살아가게 하려는 것이다. 인간 두뇌의 늦은 발육과 수천 년 동안 진행되어 온 두뇌의 놀라운 발전, 점점 더 '배합'으로 모아진 수억 개의 신경세포는 가장 결정적인 것을 다음과 같이 허용했다. "어떤 다른 동물군의 배합보다도 더 광범위하고 섬세한 커뮤니케이션 망을 배치한다. 그와 같은 망은 인간들 개개인보다 훨씬 크고, 정보·욕망 그리고 계획을 전달하게 해주는 전체 인간을 만들어 낸다. 그것은 우리를 이루게 할 생물체를 단순히 첨가시키는 것과 관련된 것이 아니라, 다른 것을 생기게 하는 상호 작용과 관련된 것이다."(자카르, 앞의 책, 89쪽)

언어들의 역사와 그것들의 일상적 기능은 '나'가 '너'를 요구하고 있으며, '너'는 '나'가 없이는 존재하지 않는다는 것을 우리에게 알려 주고 있다. 게다가 유전학은 우리가 '우리'라는 것, 다시 말해서 종을 보존시켜 주기조차 하는 공동체의 배열이란 것을 우리에게 상기시켜 준다. 개인은 집단 이외의 다른 어떤 것도 아니고, 집단은 매순간 개인으로 요약된다. 우리가 다른 사람을 본다는 것은 우리 자신의 거울이고, 완전히 동시에 존재하지는 않는다. 이런 끊임없는 '해독'은 우리의 사회적 생활을 만들어 내고 있다. 왜냐하면 그런 해독으로부터 사회적 상황에 대한 근거를 마련해 주는 문자나 다시 쓰기 규칙——규범과 법——이 생겨나기 때문이다. 그로부터 우리의 꿈과 혼동, 때때로 다소간은 확실한 **정체성**을 만들어 주는 '의미의 욕구'가 생겨난다. "우리가 인간이란 존재를 종교적인 혹은 세속적인 관점에서 생각하는가에 따라, 우리는 근본적 결핍과 탐구, 우리 존재에 내재한 욕망을 관찰하게 된다. 우리는 욕망이 있으며, 우리가 필요로 하고, 부족해하는 무엇인가와 우리의 존재 일부의 반응에 대해 반응함으로써 존재한다. 이런 것을 어떻게 정의할 것인가?"(이르미야후 요벨, 《우리는 누구인가?》, 60쪽)

실제로 존재에서 존재로, 세기에서 세기로 우리를 움직이게 하는 이런 욕망은 무엇인가? 생존의 욕망인가? 행복의 욕망이란 말인가? 혹은 내면 깊숙이 있거나 공동체에 내재하는 의미의 욕망인가? 그리하여 우리는 집단이나 단체·국가·종교·전통에서, 인간 존재의 가치를 부여해 주거나, 혹은 더 간단하게는 우리를 '생존하게' 해주는 상징물을 찾게 된다. 결과는 뿌리를 내리려는, 여기저기에 뿌리내리려는 필요성으로 나타나는 정체성을 연구하는 데 있다. 그것은 단체에서의 망각이나 공동체에서의 좋은 소멸을 보증해 주는 경계의 대가로 안심하게 될 영역의 필요성이다. '정체성'은 개개인의 생활이나 생활 양식을 요약해 줄 수 있는가? 운동 경기팀과 도시·지방에 '있다'라고 생각하며 열광 속에 사로잡힌 몇몇 사람에게 있고, 어떤 운동 경기의 승리를 축하하는 밤을 제외하고, 나는 그런 생각을 하는 것에 대해 의심한다.

실제로 안정되게 생활하려는 욕구와, 어떤 생활도 결코 '안전하게' 완성되지 않게 하려는 사회적 제약에 의해서나, 혹은 나름대로의 욕망을 통해서 전진하고, 평상시 이상의 실력을 발휘하려는 필요성간에는 고통스럽고도 이로운 긴장이 항상 존재한다. 인간이란 존재는 무력감을 맛보고 있다. 모든 '완전한' 정체성이란 미치지 않는 곳에 있다. 우리는 항상 여러 전통·가치·소속의 계승자들이며, 우리는 우리 존재 형태를 상황이나 사정에 더 잘 부합되는 다른 것들과 함께 구성하고 있다.

타자란 내 가까이 있는 사람이며, '동족'이라고 말하는 경우도 있다. 그것은 또한 '면전에' 있는 사람이며, 내가 전혀 알지 못하고, 경우에 따라서는 내가 두려워하고, '이방인'이라 부르는 사람이다. 마지막으로 타자는 따르고자 하는 단체나 개체·국가의 책임자를 말한다. 왜냐하면 그들은 이런 집단이나 개체·국가를 상징적으로 영속시키고, 전달하게 해주기 때문이다. 타자는 나이고, 나의 밖에 있으며, 내 면전에 있다. 타자 덕택에, 나는 스스로를 경계선상에서 규정짓게 된다. 나는 구성하고, 표현하며, 상상하고, 범주화한다.

나를 범주화하기 위해서는, 그러므로 내가 타자를 범주화하는 것이 필요하고, 내가 참여하고, 나에게 영향을 주는 사회적 사고나 나의 사고의 어떤 '서랍' 안에서 타자를 정리하는 것이 필요하다. 나는 그런 식으로 동시에 타자로부터 자유롭기도 하고, 결코 자유롭지 못하기도 하며, 텔레비전이나 영화가 내게 영상을 가져다 주는 유사한 것들, 가까이 있는 것들, 멀리 있는 것들로부터 자유롭기도 하고, 자유롭지 못하기도 하다.

첫번째 질문으로 다시 가보자. 어떻게 우리는 세상을 인식하며, 그것으로부터 우리는 무엇을 인식하겠는가? 한 단어, 한 문장뿐만이 아니라 시선이 호감이나 반감, 게다가 지속되는 증오를 확인하기에 충분하다는 것을 우리가 알게 될 때, 솔직히 말해서 우리에게 영향을 주고 있는 모든 것으로부터 어떻게 의식적으로 벗어나겠는가? 지각과 조화간에는 어떤 균형이 있는가? 우리의 시각이나 촉각·후각·미각에서 어떻게 해서든 우리에게 생각하게 하려는 것은 무엇인가?

우리가 평생 동안 구축하고 있는 모든 것 이전에, 우리가 세상에 대해 가지고 있는 첫번째 모습은 우리의 감각에서 유래한다. 모든 인간 종에 공통되지만 개인마다 다양한 생물학적 유산과, 사람들만큼이나 집단을 동일시하는 문화적 유산간에는 섞여 있는 것이 있다. 이런 것에다 자연 언어가 추가되는데, 그것은 어떤 다른 것보다 느낌을 명명하고, 우리가 '이해하거나' '이해하지 못하게' 하는 것을 다른 지식이나 교환 양식의 이야기 속에서 전달해 주고 있다.

'감각'이란 우선적으로 우리가 전통적으로 '오감,' 즉 시각·청각·촉각·후각·미각이라 부르는 것이다. 이런 것들은 우리의 정신생리학적 기능, 다시 말해서 맥이나 기관(혀·귀·눈 등)인데, 그것들을 통해서 우리는 외부 세계의 정보를 받아들인다. 그것들은 또한 기관에 의해 포착되어지는 세계의 기호들이 중앙의 신경 체계로 향하게 되고, 그곳에서 '처리되어질' 과정을 말한다. 이와 같은 '처리'는 우리의 두뇌 속에, 그리고 아직도 불투명하게 남아 있는 조직을 통해, 의미 작용을 감각 기관에 보내는 임무를 부여하게 된다는 것을 의미한다. 그러므로 의식적이고 동시에 무의식적인 과정에 관계한다. 게다가 이 모든 것은 천천히 형태를 갖춘다. 감각이 즉각적인 만큼, 우리가 그 감각에 부여하는 의미는 그만큼 우리 삶에서 습득과 변화를 통해서 구축되어질 것이다. 조금씩 한쪽에서는 신경 체계의 안정성(우리 신경 체계는 어떤 방법으로는 감각을 해석하는 데 익숙해져 있다)과, 다른 한쪽에서는 정신적 도식의 안정성(우리는 점진적으로 더 이상은 움직이지 않는 '틀'에 따라서 생각하고 반응할 것이다)이 만들어지게 될 것이다. 이런 '범주'를 만드는 것은 우리의 경험일 뿐만 아니라, 특히 우리가 태어나고, 살고 있는 사회적 맥락인 것이다.

지각은 그러므로 개인적이고 공통체적인 **의미화의 과정**, 다시 말해서 언제나 사물과 상황과 다른 것에 대해 의미 작용을 부여하는 것과 범주화하는 과정을 말한다. 위험한 것은 우리가 우리 것을 만들었던 모든 범주가 모든 문화에 보편적인 것이 될 터라고 믿는 것이다. 서양에서의 순수함이나 결혼의 상징인 흰색은 동양에서는 슬픔의 색깔이다. 또한 미각이나 풍미·역겨운 맛·달콤한 맛·매운맛은 어떤 다른 것보다도 문화를 잘 구분해 준다는 것을 우리는 익히 알고 있다. '내게 자료가 될 만한' 것은 내가 참여하고 있는 단체나 내가 음식, 즉 돼지고기·허드렛고기·곤충·벌레·생선·꽃 등의 범주에 부여하는 모습들에 따라서 내가 자료 가치가 있는 것으로 받아들이고, 거절하는 모든 것을 식별하게 한다. 이것은 너무도 강력해서 우리는 '유형론,' 즉 랑그도크 지방의 카술레와 슈크루트·쿠스쿠스·파엘라·햄버거 등과 같은 요리에 의해 지방과 나라를 범주화할 것이다. 우리는 좋아하거나 싫어하게 될 것이다.

냄새에 있어서도 마찬가지이며, 아마도 그 이상일 것이다. 그리고 우리가 '냄새를 맡을' 수가 없는 누군가를 말한다면, 그것은 우리가 그를 용인하지 못하고, 그를 증오한다는 것을 의미한다. 하지만 후각의 영역에서는 '좋거나' '나쁜' 보편적 냄새가 존재하지는 않는다. 우리가 오늘날 '나쁜 냄새'라고 부르는 것을 세척제나 방향제 없이도 우리 조상들은 잘 참아냈다. 한 번 더 말하자면 학습

이 신경생리학적 지각의 '환경'을 결정하게 되고, 갈수록 거부 행위는 선택이나 선호, 그리고 그에 따르는 행동을 안정시킨다. 어떤 면에서 우리들은 우리가 거절하는 것을 통해서만이 존재한다. '아니오'는 아주 어린아이에게서는 '예'에 선행하는 말이다. 보호나 소유의 장치이든, 그런 것은 별로 중요하지 않다. 모든 의견, 모든 범주화는 다른 사람과의 대조나 반사를 통해 이루어진다. 그렇게 설정된 경계는 새지 않게 될 것이며, 그것은 갈등이나 투과가 되며, 만남 자체가 될 것이다.

범주화를 이용하는 이유가 바로 거기에 있으며, 그것은 이 조그만 책이 담고 있는 유일한 '메시지'일 것이다. 우리는 세계에 확고해지고 눈을 뜨는 것만큼이나 세계에 갇혀 있고, 자신을 세계에서 불사를 수가 있다. 고려해야 할 사항은 어떻게 일상적으로 우리가 범주화하는 것이 필요하고, 어떻게 해서 이런 것들이 때로는 위험한지를 이해해야 하는 것이다. 적절하게 그런 범주화로부터 벗어나기 위해서는 타인, 즉 이웃과 내가 유사한 것이 무엇인지 알아야 한다.

참고 문헌

AMMON, Otto, *Zur Anthropologie der Badener*, Iena, Fisher, 1899.
ANATRELLA, Tony, *Non à la société dépressive*, Flammarion, 1993.
ARISTOTE, *Parties des animaux*, trad. P. Louis, Vrin, 1956.
—— *Histoire des animaux*, trad. J. Tricot, Vrin, 1957.
—— *Génération des animaux*, trad. J. Tricot, Vrin, 1962.
—— *Topiques*, trad. J. Brunschwig, Les Belles Lettres, 1967.
ATLAN, Henri, *Entre le cristal et la fumée*, Seuil, 1979.
AUROUX, Sylvain, & WEIL, Yvonne, *Dictionnaire des auteurs et des thèmes de la philosophie*, Hachette, 1991.
BACHELARD, Gaston, *La Formation de l'esprit scientifique*, Vrin, 1938.
BROCA, P., 〈Les sélections〉, *Revue d'anthropologie*, 1872, p.683-710.
BRUNER, Jeremy, *Savoir faire, savoir dire*, PUF, 1983.
CANDOLLE, A. P., *Histoire des sciences et des savants*, Genève, Georg, 1872.
—— 〈Hérédité et couleur des yeux〉, *Arch. Sc. phys. nat. Genève*, 1884.
—— 〈Les types brun et blond au point de vue de la santé〉, *Revue anthropol.*, 1887, p.265-274.
CAROL, Anne, *Histoire de l'eugénisme*, Seuil, 1995.
CASSIRER, Ernst, *Langage et mythe*, Minuit, 1924.
—— *La Philosophie des formes symboliques*, 3 vol., Minuit, 1972.
DARWIN, Charles, *Théorie de l'évolution*, textes choisis par Y. Conry, PUF, 1969.
DOBZHANSKY, T., *Genetics of Evolutionary Process*, Columbia University Press, 1970.
FREY, Louis, 〈La négation dans la logique d'Aristote〉, *Revue européenne des sciences sociales*, 1987, 25, n° 77, p.47-60.
GLOOR, P. -A., 〈Vacher de Lapouge et l'anthroposociologie〉, *Revue européenne des sciences sociales*, 1985, XXIII, n° 69, p.157-170.
GOBINEAU, A. de, *Essai sur l'inégalité des races humaines*, Firmin-Didot,

1854, rééd. Belfond, 1967.

GOULD, Stephen Jay, *Darwin et les grandes énigmes de la vie*, Pygmalion, 1979.

GRIMM, *Contes*, Grasset ⟨Jeunesse⟩, 1994.

GRIZE, Jean-Blaise, *Logique et langage*, Paris-Gap, Ophrys, 1990.

HUNTINGTON, Samuel, *The Clash of Civilizations and the Remaking of World Order*, New York, Simon & Schuster, 1996.

JACQUARD, Albert, ⟨De l'individu à la personne⟩, *Qui sommes-nous?*, ⟨Découvertes⟩ Gallimard, 1996.

KANT, Emmanuel, ⟨Prolégomènes à toute métaphysique future qui pourra se présenter comme science⟩, in *Œuvres philosophiques*, Gallimard, ⟨La Pléiade⟩, 1980, 1985, 1986.

KIMURA, M., *La Théorie neutraliste de l'évolution moléculaire*, Flammarion, 1990.

KÖHLER, Wolfgang, *La Psychologie de la forme*, Gallimard, 1964.

LAISSUS, Yves, *Le Muséum d'histoire naturelle*, ⟨Découvertes⟩ Gallimard, 1995.

LAMARCK, J.-M. de, *Philosophie zoologique*, 10/18, 1968.

LENOBLE, Robert, *Histoire de l'idée de nature*, Albin Michel, 1969.

LÉVI-STRAUSS, Claude, *La Pensée sauvage*, Plon, 1962.

—— *Histoire de Lynx*, Plon, 1991.

LEWIN, R., *L'Évolution humaine*, Seuil, 1991.

LEWONTIN, R.C., *The Genetic Basis of Evolutionary Change*, Columbia University Press, 1974.

MALLARMÉ, Stéphane, ⟨Poésie⟩ Gallimard, 1995.

MAYR, Ernst, *Histoire de la biologie*, Fayard, 1989.

MONGIN, Olivier, ⟨Mondialisation: de la fragmentation sociale à la ségrégation urbaine⟩, *Esprit*, mai 1997.

PAUGAM, Serge, éd., *L'Exclusion. L'état des savoirs*, La Découverte, 1996.

PEREC, Georges, *Penser, classer*, Hachette, 1985.

PIAGET, Jean, *La Psychologie de l'intelligence*, Armand Colin, 1937.

—— *La Construction du réel chez l'enfant*, Neuchâtel, Delachaux et Niestlé, 1941.

—— *De la logique de l'enfant à la logique de l'adolescent*, PUF, 1970.

PLATON, *Ménon*, Gallimard, 〈La Pléiade〉, 1951.

PLINE L'ANCIEN, *Histoire naturelle*, Les Belles Lettres.

SERRES, Michel, *Détachement*, Flammarion, 1983.

—— *Statues*, François Bourin, 1987.

VACHER DE LAPOUGE, Georges, 〈Les sélections sociales〉, *Revue d'anthropologie*, 1887, p.519-550.

—— *Les Lois de l'hérédité*, Lyon, Bourgeon, 1890.

—— 〈Corrélations financières de l'indice céphalique〉, *Revue économique et politique*, 1897, p.257-279.

—— *L'Aryen, son rôle social*, Fontemoing, 1899.

—— *Race et milieu social*, Rivière, 1909.

VIGNAUX, Georges, *Le Discours, acteur du monde. Énonciation, argumentation et cognition*, Paris-Gap, Ophrys, 1988.

—— *Les Sciences cognitives: une introduction*, La Découverte, 1992; Le Livre de Poche, 1994.

YOVEL, Yirmiyahu, 〈Que désirons-nous?〉, *Qui sommes-nous?*, 〈Découvertes〉 Gallimard, 1996.

역자 후기

인간은 식물이나 동물이 있다는 것을 알게 되면서 자연을 조직하고, 그렇게 조직함으로써 자연을 생각하고 이해할 수 있다고 간주해 왔다. 그런 자연은 식물이나 동물 그리고 우리들 인간으로 구성되어 있는데, 이런 인간들은 풍요롭고 가난하고, 아름답고 추하고, 악독하고 친절하고, 젊고 늙고, 건강하고 아픈 사람으로 서로 나누어져 있다. 이와 같이 일상에서의 분류하는 습관은 개인적인 차원을 넘어서, 긍정적이든 부정적이든간에 인간이 현대의 보편적인 사고를 갖게 하는 원인이 된다. 하지만 이와 같은 범주를 구분함으로써 생기는 여러 부작용을 저자는 다방면의 지식을 동원하여 경계하고 있다. 즉 인류 역사에서 인간이 사물을 보는 관점뿐만이 아니라 철학에서도 인간은 참과 거짓, 현존과 부재, 보편성과 개별성, 동일성과 차이성, 안과 밖, 남자와 여자 등으로 분류하는 습관을 지녔지만, 이와 같은 구분은 오히려 문화인류학적 의미에서는 서구 문화의 기준에 얼마나 가까운가에 따라서 결정한 것이기 때문에, 그것에 대해 경계를 해야 할 필요가 있다는 것을 말하려고 한다. 마찬가지로 저자는 시공간의 개념들이 보편적 직관을 반영한다는 물리학이나 칸트식의 범주화로는 인간의 다양한 현상을 설명하기가 충분하지 않다고 말한다. 이런 맥락에서라면 저자의 의도는 인간의 사고에 대한 과정을 추적하면서도, 지금까지 해온 분류에 대해 강한 거부감을 표시한다고 볼 수 있다.

저자는 먼저 세계가 어떻게 존재하고 있는가라는 질문에 대해 의문을 제기한다. 동화 속에서나 나오는 아주 오래 된 과거에, 인간은 자연의 질서만이 있는 것으로 생각했었다. 하지만 오늘날의 과학은 우리가 살아가는 공간이 복잡한 형태로 조직되어 있다는 것을 보여 주는데, 인간은 이런 것을 설명하기 위해 논리학을 창안해 냈다. 20세기초 중반에 논리실증주의가 유행했던 것은 우연이 아니다. 하지만 그것이 우리 인간의 사고를 설명해 줄 수 있는가? 과학자들은 이런 현실의 모습과 세계를 이해하기 위해서는 현실과 세계를 분류 정리해야 한다고 생각했으며, 그것이 그것들간에 있는 형태의 관계와 유사성을 이해하기 위한 방법으로 인식했다. 하지만 그런 범주화는 바로 인간의 역사와 더불어 진행되어 왔으며, 어느 한순간에 이루어진 것은 아니다. 이런 과정에서 언어는 바로 범주화를 하는 데 있어서 중요한 역할을 담당하게 된다. 왜냐하면 언어는 여러 가지 관점을 제공해 주는 요소이지만, 역사적으로 볼 때 의미 작용과 상징 체계를 산출하기 위한 인간의 중요한 수단이 되어 왔기 때문이다.

하지만 범주화하는 데는 지식의 문제가 개입하기 때문에, 언어만이 모든 범주화를 형성하는 데 절대적이라는 것은 잘못된 견해이다. 세계에 대한 우리의 지식은 언어학적인 것만큼이나 움직이는 것(행동), 지적인 것(사고), 지각적인 것(시각·촉각) 등의 아주 다양한 통로를 통하여 이루어진다. 바로 범주화를 형성해 주는 지능은 세계와 우리간에 있는 여러 현상을 설명해 주어야 한다. 이런 관점에서 저자는 피아제가 말하고 있는 발달심리학적 관점을 예로 들어 설명하고 있다. 그로부터 저자는 칸트가 말하는 선험성의 문제를 제외하고, 역사 속에서 인류가 진행해 온 과학의 형태나 그것의 대상, 그리고 그것에 맞는 객관성의 형태에 따라서 지능을 규정하고자 한다. 이런 논의는 결국은 인간이란 실체를 자연이나 타자를 범주화하고 분류함으로써 이해하려는 데서 비롯

된다. 자연을 이해함으로써 인간을 이해하려는 이와 같은 시도는 17세기에 들어서며 확연히 바뀌게 된다. 바로 자연은 신과의 관계에서 설명되는 것이 아니라, 자연과학의 현상을 설명해 주고자 하기 때문이다. 바로 현대 과학의 탄생이 있는 시점이기도 하다.

이와 같은 방법은 18세기와 19세기에 다른 자연과학의 방법에도 그대로 나타난다. 과학과 유럽인들의 식민 개척으로 말미암아 모든 분야에 걸쳐 인간은 방대한 양의 자료들을 수집하게 된다. 하지만 이와 같이 발견되고 수집된 것들은 조직되고, 또한 분류를 필요로 하는데, 이로부터 공통 언어가 존재할 필요성을 느끼게 된다. 공통의 언어를 사용하여 인간은 계보나 계통을 형성하게 되고, 그것은 살아 있는 것에 대한 역사나 생물체들의 진화 과정을 그려낸다. 그리하여 자연적 분류 과정은 형태론적 기준에만 근거를 두고 분류하는 것이 아니라, 유전적이고 변형적인 해부생리학적 과정까지를 포함하게 된다. 유전학과 같이 분류하는 방법이 나온 것은 우연이 아니다. 그것은 개체들의 안정된 내부를 분류하는 것뿐만 아니라, 그들이 상호 작용하는 역동성을 중시하면서, 범주 내에서 살아 있는 것에 대한 다양성을 증명해 보이려는 것이다. 이것이 또한 인간이 사고해 온 역사와 같은 맥락을 유지하는 것이다.

사고의 역사가 세계에 대해 의미를 부여하고 사물과 존재·현상을 분류하려는 것의 역사라면, 이것은 바로 생물학적 유형의 배열에 속하는 것이다. 하지만 분류하는 것이 반드시 과학적 취향만을 가진 것은 아니다. 인간은 태어날 때부터 사물들과의 마찰을 통하여 세계를 구성하고 분류하는데, 이런 범주화는 인간에게는 아주 일상적인 현상으로 받아들여진다. 나중에는 우리 인간들의 지식, 즉 일상적으로 다른 것을 추론하고 판단하게 해주는 사고의 범주를 구축하게 해준다. 오늘날 사물과 상황 사이에서 행하게 되는 유추 작용이 이를 잘 대변해 준다. 유추 작용을 하기 위해서는 상황이나 방법·목적간에, 결과적으로는 사물의 속성간에 항상 계층이 있게 마련이라는 것을 말한다. 위에서도 언급했듯이, 생물체와 우리의 세계를 조직하게 해주는 유일한 방법은 우리가 갖고 있는 언어이다. 언어만이 단어를 통해서 타인이나 경험·실체에 대해 우리가 범주화하는 것을 허용해 주고 있다. 이런 관점으로 인류학에 속해 있는 우리 인간의 모습과, 그들을 또한 분류하는 것이 가능하다.

사물이 본래의 의미를 갖기 위해서는 이름을 부여받고, 그 이름은 나름의 속성을 갖고 있어야 하며, 범주화를 한다는 명목 아래 계속해서 무언가를 설정한다는 것은 바로 다른 대상과 관련하여 경계를 지으려는 것이다. 이런 상황에서 인간에게 영원한 화두가 되는 것이 있는데, 저자는 그것을 존재의 질문으로 돌리고 있다.

존재의 질문으로 돌아갈 때, 책 제목이 암시해 주는 것처럼 인간은 모든 사물과 대상에 대해 분류하고자 하는 환각 상태에 빠지게 된다는 것이다. 존재에 대한 질문은 언어의 역사와 그것의 일상적 기능이 말해 주고 있는데, 그 기능은 '나'라는 존재는 '너'라는 존재가 필요하고, 이와 같은 분류를 하지 않고서는 개인은 존재 가치를 가지지 않는다는 것이다. 타자의 존재가 나의 존재 가치에 대해 의미를 부여해 주고, 나를 구성하고 표현하고 범주화하기 때문이다. 그러므로 나를 범주화하기 위해서는 상대를 범주화하고, 주어진 사회적 맥락에서 타자를 정리하는 것이 필요하다. 하지만 범주화를 하는 이면에는 획일화나 보편성에 치우칠 위험도 적지 않다. 그것은 지난 세기 동안 서구 문명이 인류에 가해 왔던 사실에서 알 수 있다. 이와 같이 범주화를 하는 과정을 살펴본다는 것은, 어떻게 해서 이런 과정들이 위험성을 내포하게 되었는지를 살펴보고, 그런 오류를 범하지 않기 위해서는 타인과의 적절한 유사점을 서로간에 발견하고 인정하는 것이 중요하다고 저자는 책의 마지막 부분에서 지적하고 있다. 그것은 서로의 차이를 존중해 주고, 서로가 다르다는 점을 존중해야 할 필요성과도 일치되는 것이다.

 이상은 독자들이 본서에 나타난 저자의 일관된 논리를 잘 따르기를 바라는 뜻에서, 역자가 본서를 이해한 대로 중심되는 논지를 부각시키면서 간략하게 정리해 본 것이다. 이 책을 옮기면서 예상했던 것보다 더 큰 난점에 봉착하기 일쑤였는데, 그것은 저자의 해학적이면서도 은유적인 표현 때문에 상당히 많은 시간을 요하는 부분이 있었다는 점이다. 부족한 부분에 대해서는 절대적으로 역자의 책임이라고 생각한다. 끝으로 이 책의 번역을 흔쾌히 승낙하신 동문선의 신성대 사장님께 감사의 말씀을 드린다.

2000년 10월 임기대

임기대

한남대학교 졸업. 파리 8대학에서 언어학 석사.
파리 7대학에서 언어학 박사 학위 취득.
현재 한남대학교 겸임교수 · 배재대학교 강사로 있으며,
언어와 문화 · 정보화 문제에 대한 연구를 수행중이다.
주요 논문: 〈과학적인 프로그램으로서의 언어학〉
〈언어학에서의 연속성과 불연속성에 대한 소고〉
〈언어에서의 이성주의와 인지과학〉
〈언어 이론과 문화의 문제〉 등.
역서로는 《지능의 테크놀로지》가 있다.

현대신서
38

분류하기의 유혹

초판발행: 2000년 11월 10일

지은이: 조르주 비뇨
옮긴이: 임기대
펴낸이: 辛成大
펴낸곳: 東文選
제10-64호, 78. 12. 16 등록
서울 종로구 관훈동 74번지
전화: 737-2795
팩스: 723-4518

ISBN 89-8038-105-0 04100
ISBN 89-8038-050-X (세트)

東文選　現代新書 18

청소년을 위한 철학 교실

알베르 자카르[지음]
장혜영[옮김]

"무엇을 질문하고 어떻게 대답할 것인가?"

철학은 끊임없는 질문과 답변 가운데에 있다. 질문은 진리에 대한 탐색이요, 답변은 존재와 세계에 대한 해석이다. 우리는 철학을 통해 존재의 근원에 이른다. 이 책은 프랑스 알비의 라스콜고등학교 철학교사인 위게트 플라네스와 철학자 알베르 자카르 사이의 철학 대담으로 철학적 질문과 답변의 과정을 명쾌히 보여 준다.

이 책에는 타인·우애·정의 등 30개의 항목에 대한 철학자의 통찰이 간결하게 살아 있다. 철학교사가 사르트르의 유명한 구절, 즉 "지옥, 그것은 바로 타인이다"에 대해 반박을 요청하자, 저자는 그 인물이 천국에 들어갔다면 그는 틀림없이 "천국, 그것은 바로 타인이다"라고 이야기했을 것이라고 답한다. 결국 타인들은 우리의 지옥이 아니며, 그들이 우리와의 관계를 받아들이려 하지 않을 때 지옥을 만들어 낸다고 말한다.

그렇다면 행복에 대해 이 철학자는 어떻게 답할까? "나에게 행복이란 타인들의 시선 안에서 스스로를 아름답다고 느끼는 것입니다"는 것이 그의 답변이다. 이 책은 막연한 것들에 대해 명징한 질문과 성찰로 우리가 새로운 질문을 던지고, 스스로 그 답을 찾을 수 있는 실마리를 제공한다. ―출판저널―

東文選 現代新書 16

딸에게 들려 주는 작은 철학

롤란트 시몬 셰퍼
안상헌 옮김

★독일 청소년 저작상 수상(97)
★청소년을 위한 좋은 책(99)
 (한국 간행물 윤리위원회)

 작은 철학이 큰사람을 만든다. 아이들과 철학을 이야기하는 것이 요즘 유행처럼 되었다. 아이들에게 철학을 감추지 않는 것, 그것은 분명히 옳은 일이다. 세계에 대한 어른들의 질문이나 아이들의 질문들은 종종 큰 차이가 없으며, 철학은 여기에 답을 줄 수 있다. 이 작은 책은 신중하고 재미있게, 그러면서도 주도면밀하게 철학의 질문들에 대답해 준다.

 이 책의 저자 시몬 셰퍼 교수는 독일의 원로 철학자이다. 그가 원숙한 나이에 철학에 대한 깊은 이해를 가지고 자신의 딸이거나 손녀로 가정되고 있는 베레니케에게 대화하듯 철학 이야기를 들려 주고 있다. 만약 그 어려운 수수께끼를 설명한다면 어떻게 할 것인가를 모형적으로 제시하고 있다.
 철학은 우리의 구체적인 삶과 멀리 떨어져 있는 삶이 아니다. 우리가 사용하고 있는 말이란 무엇이며, 안다는 것은 무엇인가. 세계와 자연, 사회와 도덕적 질서, 신과 인간의 의미는 무엇인가 등 철학적 사유의 본질적 테마들로 모두 아홉 개의 장으로 나누어 이야기하고 있다. 쉽게 서술되었지만 내용은 무게를 가지고 있어서 중·고등학생뿐만 아니라 대학생과 성인들에게 철학에 대한 평이한 길라잡이가 될 것이다.

東文選 現代新書 31

프랑스 대학입학자격시험 대비 주제별 논술

노동, 교환, 기술

베아트리스 데코사

신은영 옮김

만일 철학이 우리 생활의 기쁨뿐만 아니라, 빈곤과 피곤의 무게를 감당할 수 없다면, 실상 이 철학은 단 한 시간의 노력을 기울일 만한 가치도 없을 것이다. 철학자가 별이 점점이 박힌 모자를 쓴 약장수는 아니지만, 또한 철학자도 추워서 빵 굽는 오븐 곁에 몸을 녹이는 사람이지만, 그는 사유에 의거해 무엇인가 신선한 것, 즉 노동의 진리와 교환의 진리, 기술의 진리 같은 진리를 발현시키는 것으로 자신의 긍지를 삼을 수 있을 것이다.

노동은 권리인가, 아니면 구속인가? 노동에 의한 소외와 실업에 의한 소외 사이의 절충점을 생각해 볼 수 있을 것인가?

임금을 지급함으로써 노동의 산물을 얻어내고, 또 그렇게 받은 임금을 주고 그 노동의 산물을 얻는 식으로 해서, 교환의 고리는 부조리한 방식으로 끊임없이 재형성되고 있는 것 같다. 사회를 재화의 유통으로 환원시킬 수 있을 것인가? 인간은 기술에 의해 구원을 얻을 것인가?

베아트리스 데코사는 이 책에서 이같은 사회적 현실에 대해 간결하고도 엄정한 질문을 던지고 있다. 그것이 논술 형태로 다루어져 있는 바, 고등학교 3학년 학생들은 여기서 자신의 사고를 자극할 만한 무언가를 찾을 수 있을 것이다.

東文選 現代新書 2

의지, 의무, 자유

루이 밀레

이대희 옮김

자유 속에서의 우리의 의지는 선의 완성 속에 고정되어 있지 않기 때문에, 우리 존재의 근본적인 법칙은 의무의 형태를 취한다. 그러므로 우리의 운명은 끊임없이 원하는 바에 따라서 선택하는 것이다. 우리는 어떤 의미에서는 항상 '가능태'이다. 다시 말하자면 우리는 다른 사람과 함께, 다른 사람 덕분에, 그리고 다른 사람을 위해 현재화하기 위해 산다. 그 어떤 것도 고독하지 않을 뿐만 아니라, 그 어떤 것도 확정적이지 않다.

육체의 자유로운 처분과 자본의 자유로운 순환. 자유결혼과 자유교역, 여성해방과 해방신학…… 경제에서 도덕에 이르기까지 근대성은 자유를 요구한다. 그런데 그것은 공기처럼 자유로운 것을 말하는가, 또는 자유낙하할 때처럼 자유로운 것을 말하는가? 나는 자유롭다고 착각하고 있는가? 혹은 참으로 자유로운가? 혼자 자유로운가, 아니면 다른 사람과 함께 자유로운가? 그리고 의무는 또 어떻게 할 것인가?

자, 이제 분명하고 엄격하게, 그리고 깊이 생각해 볼 때가 되었다. 이것이 이 책의 목적이다. 이 책은 자유와, 자유에 필연적으로 뒤따르는 개념인 의무와 의지에 관해 비켜갈 수 없는 아홉 개의 주제를 정확하게 다루고 있다.

본서는 프랑스대학연합출판사에서 펴낸, 고교 최종학년의 대학 입학자격시험 논술 과목 마지막 정리를 위한 텍스트이다.

東文選 現代新書 1

21세기를 위한 새로운 엘리트

FORSEEN 연구소 (프)
김경현 옮김

우리 사회의 미래를 누르고 있는 경제적·사회적 그리고 도덕적 불확실성과 격변하는 세계에서 새로운 지표들을 찾는 어려움은 엘리트들의 역할과 책임에 대한 재고를 요구한다.

엘리트의 쇄신은 불가피하다. 미래의 지도자들은 어떠한 모습을 갖게 될 것인가? 그들은 어떠한 조건하의 위기 속에서 흔들린 그들의 신뢰도를 다시금 회복할 수 있을 것인가? 기업의 경영을 위해 어떠한 변화를 기대해야 할 것인가? 미래의 결정자들을 위해서 어떠한 교육이 필요한가? 다가오는 시대의 의사결정자들에게 필요한 자질들은 어떠한 것들일까?

이 한 권의 연구보고서는 21세기를 이끌어 나갈 엘리트들에 대한 기대와 조건분석을 시도하고 있으며, 구체적으로 그들이 담당할 역할과 반드시 갖추어야 될 미래에 대한 비전을 제시하고 있다.

본서는 프랑스의 세계적인 커뮤니케이션 그룹인 아바스 그룹 산하의 포르셍 연구소에서 펴낸 《미래에 대한 예측총서》 중의 하나이다. 63개국에 걸친 연구원들의 활동을 바탕으로 세계적인 차원에서 우리 사회를 변화시키게 될 여러 가지 추세들을 깊숙이 파악하고 있다.

사회학적 추세를 연구하는 포르셍 연구소의 이번 연구는 단순히 미래를 예측하는 데에 그치는 것이 아니라, 미래를 준비하는 자들로 하여금 보충적인 성찰의 요소들을 비롯해서, 그들을 에워싸고 있는 세계에 대한 보다 넓은 이해를 지닌 상태에서 행동하고 앞날을 맞이하게끔 하기 위해서 이 관찰을 활용하자는 것이다.

東文選 現代新書 28

상상력의 세계사

뤼시앵 보이아

김웅권 옮김

상상력의 세계는 인류가 지나온 역사 전체를 아우르는 광대하고 심원한 시공의 세계이다. 인간이 다른 존재와 차별적 존재로서 자신과 우주에 대해 몽상을 시작한 아득한 옛날부터 과학이 종교화되고 있는 현대에 이르기까지, 그것은 지속적으로 우리의 삶 구석구석에 침투하면서 인간과 세계에 대한 인식과 신비를 확장시켜 왔다. 그렇다면 이와 같은 정신의 기능이 걸어온 역사를 쓰고, 이로부터 그것이 지닌 법칙을 도출해 낼 수 있을 것인가?

상상력의 세계사, 그것은 인류 역사의 새로운 접근이다. 20세기에 이루어진 공산주의와 전체주의의 실험과 좌절, 민주주의의 확산, 현대의 첨단과학이 추구하는 꿈, 종말론의 난무, 외계에 대한 꿈, 문명의 충돌과 전쟁 등으로부터 과거의 모든 문명들이 추구했던 이상에 이르기까지, 상상력의 세계가 지닌 원형적 구조들은 어디에나 은밀하게 기능하면서 역사의 공간을 풍요롭게 채색해 왔다. 그것들은 개인의 차원이든 사회 공동체의 차원이든, 자연 앞에서 문화를 일구어 나가는 일상적인 행동의 원초적 원리를 간직하고 있다. 독자는 저자가 전개하는 논리를 따라가다 보면, 오늘날의 다원적이고 풍요로운 사회를 뿌리에서 지탱해 주는 신화적 세계로 자연스럽게 이동할 수 있고, 동시에 인간에 대한 어떤 정체성을 확인할 수 있을 것이다.

東文選 現代新書 24

프랑스 [메디시스賞] 수상작

순진함의 유혹

파스칼 브뤼크네르
김웅권 옮김

아무것도 당신을 슬프게 하지 않을 때 불행을 흉내내는 것이 왜 눈살을 찌푸리게 하는가? 그 이유는, 그럼으로써 진정 아무런 혜택도 받지 못한 자들의 위치를 빼앗는 것이기 때문이다. 그런데 후자의 박복한 사람들이 요구하는 것은 제도의 위반도 특권도 아니다. 그것은 단지 다른 사람들처럼 남자이고 여자일 수 있는 권리이다. 바로 여기에 모든 차이가 있는 것이다. 거짓 절망한 사람들은 자신들이 구별되기를 원하고, 평범한 인간과 혼동되지 않기 위해 특권을 요구한다. 그런데 다른 사람들은 단지 인간이 되기 위해 정의를 요구한다. 이것이 바로 그토록 많은 범죄자들이 전혀 양심에 거리낌 없이 범죄를 저지르기 위해, 그리고 더럽지만 무고한 놈이 되기 위해 사형수의 옷을 걸치는 이유이다.

고통을 많이 받는 사람들이 우리 시대에 정통파적으로 생각하는 새로운 사람들일까? 그렇다면 자유와 변덕을 더 이상 혼동해서는 안 될 때가 아닌가? 두려움과 허약함은 우리가 성숙을 거부하기 위해 지불해야 하는 대가인가? 끝으로 다수의 시민들이, 진정으로 혜택받지 못한 자들의 목소리를 덮어 버릴 위험을 무릅쓰고 희생자의 지위를 갈망한다면, 어떻게 민주주의를 유지할 수 있겠는가?